真宗文庫

暮らしのなかの仏教語

大江憲成

東本願寺出版

もくじ

凡例

・本文中の『真宗聖典』とは、東本願寺出版発行のものを指します。

①

退《たい》屈《くつ》

「毎日が何となく過ぎていき、暇だなあ、何かおもしろいことないかな〜って思ってしまうんです。だけど、かといって、とくに何かしたいことがあるわけでもないんです。退屈《たいくつ》なんです」。退屈…。時間をもてあましている。

このように日常でよく使われる「退屈」という言葉は、時間をもてあまし、暇で何もすることも見当たらず、飽き飽きしているということです。

ところが、この「退屈」という言葉は、本来は仏教語なのです。仏さまの教えのなかで大切にされてきた言葉なのです。ご存知でしたか？

仏教語は、大変長い歴史のなかで民衆に親しまれ使われ続けてまいりました。そしていつしか暮らしのなかに埋もれてしまって、言葉のもつ意味が変質してしまっていることがよくあるのです。

しかし、ちょっと本来の意味をたどってみると、たいへん重要なメッセージに出会うのです。

退屈の「退」は退き、後戻りすること。退屈の「屈」はかがみ込み、屈してしまうこと。で、「退屈」とは、仏道の修行に「屈」し、仏道の歩みが「退」いて失われることなのです。

私たちは、仏道を歩むことで人生を丁寧に生きていこうとします。ところが、自分の力の限界を感じたり、先が見えなくなったりすると、「もういいや」と諦《あきら》めて、歩みを止めてしまいます。

生きるなかで、壁にぶつかって屈して後戻りしてしまって歩めなくなる。人生の危機ですね。

本来、退屈とはそういう人間の挫折の姿が言い当てられている言葉なのです。

暇という意味ではないのです。努力しようとすればするほど、未来に期待すればするほど、挫折は大きいのです。

しかし、「退屈」してしまって歩みを止めるわけにはいきません。「退屈」は乗り越えなくてはなりません。

でも乗り越えると言っても、自分一人では限界があります。自分の能力や努力に挫折したのですから、それを超える道は自分のなかにあるはずもありません。

そこで、「退屈」を乗り越えるには「師」や「友」の存在が大切であると仏教では教えています。先生の言葉や生き方、そして友だちの姿、それが退屈を乗り越える智慧と勇気を与えてくれるのです。

挫折して落ち込んでしまった私に、「そこが出発点なんだよ。そこをはずして未来はないよ。あなたは今、借り物でない自分自身を生きようとしているんだよ」。

かつて、その一言で、私はさらに歩みを起こしたことが忘れられません。

挫折をとおして問いが生まれます。その問いがこの私を育ててくれるのです。だから私は歩めます。生きていけます。

「退屈」とは、私たち人間に乗り越えるべき人生の課題を教えてくださっている仏教語なのです。

② 出《しゅつ》世《せ》

「久しぶりに小学校の同窓会に参加してみたんです。みんな昔と変わってしまっていて、びっくりするばかりでした。なかでも、あの頃、あまり目立たなかった子が大きな会社の重役になっていて、みんな、すごい出世《しゅっせ》だねって騒いでいました」。

出世…。このように日常でよく使われる「出世」という言葉は、世のなかに出て社会的に高い地位や身分を得るという意味です。出世頭《がしら》なんて言いますね。

ところが、この「出世」という言葉は、本来は仏教語なのです。仏さまの教えのなかでずっと大切にされてきた言葉なのです。ちょっと本来の意味をたどってみましょう。大変重要なメッセージに気づくかもしれません。

まず、出世の「出」は出ること、出世の「世」は世のなかのことです。そして、仏教では「出世」という言葉には、実は二つの意味があるのです。

一つは「世に出る」、一つは「世を出る」です。

まず「世に出る」とは、悩み多い私たちをお救いくださるために、仏さまがこの世に出現されることです。仏さまの出世です。

その仏さまのお一人に釈尊《しゃくそん》がおられます。

釈尊がこの世にお出ましになられた本当の意義、それを「出世の本懐《ほんがい》」と言いますが、それは「弥陀《みだ》の本願《ほんがん》を説くためである」と説かれています。

これは、この私たちに「南無阿弥陀仏《なむあみだぶつ》」をお説きくださるために釈尊はこの世にお出ましになったのだと、そのありがたさに頭が下がった言葉です。

つぎに「世を出る」とは、世間を出る、つまり出世間ということで、略して出世と言います。

私たちはそれぞれの境遇に投げ出され、選ぶこともできず、その境遇に生きるほかありません。しかも境遇に悲しみ、翻弄され、境遇に負けていく存在です。

しかし同時に、私たちは境遇を超えて生きていこうという願いをもっています。世間の考え方や世間の価値観の狭さを超えて、広々とした豊かな世界に「出る」ことを願っているのです。それが「世間を出る」、出世のもう一つの意味なのです。

けれども、深く考えてみると、どこを探しても私たちは世間を出る力をもち合わせていません。

だから、私たちが世間を出るには、ただ仏さまのご出世に、ご説法に出会う以外にはないのです。

釈尊のお弟子である阿難尊者《あなんそんじゃ》も釈尊のご出世に出会われて初めて、真実の教えに気づかされ、自らの境遇を超えて、つまり「世を出て」、しかも与えられた境遇を生きぬかれました。

仏さまのご出世に出会うことによってわが身の姿に気づかされたのです。自分を軽蔑《けいべつ》したり威張《いば》ったりすることが恥ずかしくなったのです。

わが身に出会い、ご出世の尊さに頭が下がる時、人間は世間を出て世間を捨てず、自分を丁寧に生きていくことができるのです。

3 我《が》慢《まん》

「いろいろあった。しかしこの家がこれまで順調に来られたのは、私がずっと我慢《がまん》し続けてきたからだ。人生一にも我慢、二にも我慢」。

それなりにご苦労された方々からよく耳にする言葉です。我慢…。自分の思いをグッと押し殺して忍耐する。暮らしのなかでは、そのような意味で使われています。

しかしこの「我慢」という言葉は本来は仏教語なのです。「我慢」の「我」は自我の我。「我慢」の「慢」は慢心の慢。つまり我慢とは「自我に基づく慢心」を意味しているのです。

仏教語とは、すべての人々に向かって、どうかこの点を見失わずに人生を丁寧に生きとおしてほしい、と呼びかけてくださっている言葉です。

したがって、この「我慢」という言葉は、〝自我に基づく慢心（我慢）に気づいてください。そして自分の思い込みを破って、どこまでもより深く豊かな人生を歩みとおしてください〟という自覚を呼びかける仏さまからのメッセージなのです。

さて、我慢とは「自我に基づく慢心」ですが、まず私たちには「自我（我）」ということがよく解《わか》らないのです。なぜかというと、自我（我）とは、私たちの意識の奥底にはたらいていて、自分の都合を作り出している根であるからです。意識の奥底にはたらいていますので私たちは気づかないのです。自分が身勝手な存在であるなどとは自分自身では解りようもありません。だから仏さまの呼びかけに出会うことが大切なのです。

つぎに「慢心」とは、他と比較する心です。私たちは周りと比較して、他より勝《すぐ》れているとか、他より劣《おと》っているとか思ってしまい、時には優越感に浸《ひた》って有頂天《うちょうてん》になってみたり、またある時には劣等感にさいなまれて落ち込んでみたりします。しかしその優越感と劣等感は同根であり、日頃の心では気づかない我慢という根をもっているのです。つまり自分の思い込みを根としているのです。

本来人間の存在に優劣というのはありません。ところが人間の思い込みに基づく比較する心、つまり我慢が人間を縛っているのです。

私たち人間は、人間として気づかなくてはならないことが二つあります。

一つは、人間はみな比較を超えて無上なる自己をいただいて生きているということ。二つは、その無上なる大切な私に気づかなくてはならないのに、気づこうともせず鈍感にすませている自分自身の、その根を尋ねること。

つまり根を尋ね、自我に基づく慢心（我慢）の根深さに気づくことで、独断を破ってさらに人生を歩み続ける者になるのです。まことに、わが歩みの壁は自分自身にあるのです。

④ 分別
ふんべつ

「この前、久しぶりに友だちと会ったんです。その友だちは子どもを連れて来ていたんですが、その子、まだ小さいのにすごく分別《ふんべつ》があって、騒がずに静かにしていたんですよ」。

このように、私たちの暮らしのなかでは、「分別」という言葉をよく耳にします。その場合、分別とは、いろいろ経験を積んで、世間の物事の善悪や道理をよく知っているという意味で使われています。

しかし、日頃そのような意味で使われている分別という言葉も、実は仏教語で、仏教の歴史のなかでずっと課題にされてきた大切なテーマを孕《はら》んでいる言葉なのです。

まず、人間は「考えること」を基礎にして生きています。インドでも古くから人間を定義して「考える者」と表現しているくらいです。人はいつも、考えることなしには生きていません。

ところが、その、考えることでまた悩んでいるのが人間の事実です。

なぜ考えることでまた悩むのか。それは自分と周りが「つながらない」からです。なぜ、つながらないのでしょう。

それを問いとして、仏教では考えることの奥底の問題を尋ねていったのです。そして「考えること」のもつ特質を「分別」として見出したのです。

考えてもつながらないのは、分別によるからなのです。

分別の「分」は分断の分、分別の「別」は区別の別。考えるとは、自分と周りを分断し区別して考えること。つまり、考えることには、すでに自分と周りを対立させていく構造が隠されていることが明らかになったのです。

しかも分別の奥底には、さらに気づかない形で自我意識がはたらいていて、自分の決め込みを作り出しています。

相手のことを考えているようで、実は自分の考えの押し売り…。しかしそのことに気づきません。

私たちは人間関係に悩みます。悩みも多様です。ところが人間の関係が破綻していく根本は、「あなたは解《わか》っていない」「いや、あなたの方こそ解っていない」と言い合う鈍感さ。「あなたのことは私が一番よく理解している」という無理解…。

本当に理解し合えるということは、人間に成り立つのでしょうか。難しいですね。

本当の理解。それは、自分の思い込みの根深さ、分別の根深さに気づいて、その人にただただ寄り添うことなのかもしれません。

まことに、人間の奥底にはつながろうとしてつながり得ない深い悲しみの淵があります。

大切なことは、その悲しみから目をそらさず、そこに立ち帰って再度歩みを起こすこと。

そのことを「分別」という仏教語は語りかけているのです。

5

微《み》妙《みょう》

とあるレストランで食事をしていた時、隣のテーブルでの会話が耳に入ってきました。

「うちの子、今度大学受験なの。もう大変」。

「そお…。で、合格しそう?」。

「んんん…、ビミョー。どうにかしてほしいのよ。ホントに悩んじゃう」。

ビミョー。漢字では「微妙《びみょう》」ですよね。

漢字で表現される場合ももちろんあるのですが、最近では「ビミョウ(ビミョー)」とカタカナで書かれている場合も多く目にします。

確かに時代とともに微妙という言葉の意味に変化がみられます。会話のように「ビミョー」と使われる時には、今の状況が不安定で割り切れない状態になっている場合で、どちらかと言えば、うまくいっていない方に傾いているニュアンスです。

「合格するかビミョー」。困ってしまう、悩んでしまう、何とかしてくださいよ、とつぶやいているようです。

「ビミョー」であることは、悩みの種？

ところが「微妙」の意味は、本来は正反対で、悩みの種になるどころか、悩みを克服していく出会いを意味している仏教語なのです。

仏教では微妙と書いて「みみょう」と読みます。言い尽くせない奥深い意味合いがあるということで、もともと肯定的で積極的な意味をもっているのです。

私たちが親しんでいる「三帰依文《さんきえもん》」（仏・法・僧の三宝《さんぼう》に帰依《きえ》

することを表明する文）があります。そのなかに、「無上で甚深《じんじん》にして微妙《みみょう》なる法《ほう》」との出会いが大切であると書かれています。

ちっぽけな、身勝手な人間の解釈ではおさまらないほどの深さ、広さ、豊かさを内容にしている仏法。私たちは、それを背景にして今ここにこうして生きている。それに出会い、自分の思い込みを超えてこそ、限りなくわが身を丁寧に生きることができると教えてくださっています。

気づかされてみれば、本来、落ち込む必要もなく、目先のことばかり考えてクヨクヨする必要もないのでしょう。

人生、生きてみれば実に豊かで頭の下がることばかりだと知らされてまいります。ですので、その出会いをご縁にしてこそ、いよいよ教えられ育てられて歩むわが身をいただくのです。限りなく人生を生きることができるのであります。人生に限界はありません。

しかし、そのなかにあって、閉ざしてしまっているわが身の狭さが知らされてきます。したがって、微妙なる仏法を仰ぎ、同時に知らされてくるわが身自身の狭さとたたかうこと。それが自らを生きることであります。

まことに人生はわが身自身とのたたかいであります。

⑥ 無《む》学《がく》

「学の有るやつはガンコでしかたがないぜ」。

「俺など、学が無くてよかったよ」。

映画『ＡＬＷＡＹＳ 続三丁目の夕日』のなかでのセリフです。そこでは芥川賞を目指している貧乏作家が登場します。彼には心を寄せている女性ダンサーがいるのですが、自分の本当の思いを彼女に打ち明けることができずにいます。その彼の煮え切らないガンコな態度に、人のいい近所の連中がじれったそうに言うセリフです。

学が有る？　学が無い？

日頃、教育を受けて十分な教養や知識のある人を「学の有る人」と言います。「すごいね、あの人は学の有る人だから」と。どうも「優れた人」と評価されるようです。

一方、その反対に教養や知識のない人を無学《むがく》な人と言います。「私って無学なものですから」と謙遜《けんそん》したり卑下《ひげ》してみたり、また「あの人って無学ね」と軽蔑《けいべつ》してみたり。どうも「劣った人」と評価されるようです。

実は、この学の有る人、無い人という言葉は仏教語にもあるのです。「有学《うがく》」と「無学」です。しかし意味はまったく異なっています。

仏教語では、学の有る人が優れた人でもなく、学の無い人が劣った人でもないのです。両方とも平等に尊いという意義のあることが大切です。なぜでしょう。

仏教で「無学」とは、学ぶことを学び尽くしてもう学ぶことがまったく無くなっている人を意味します。「学が無い」という意味ではないのです。

一方「有学」とは、学ぶことが有る、いまだ学び尽くしていない、学びの途上にある者を言います。「学が有る」という意味ではないのです。

だから、有学の人はどこまでも新しい課題を発見し、その課題に生きる者と言えましょう。

人間はさまざまな悩みを抱えて生きていきます。悩みは一見生きていく上での壁のように感じられます。「この悩みさえなければ」などとぼやいたりします。悩みを無くしてしまうことが問題の解決だと考えてしまうからです。

しかし、悩み無きところには問いは生まれず、問い無きところには学びもありません。歩みも止まります。

したがって、悩みを否定せずに、悩みを手立てに新たなる課題に生きる「学びの人」「歩みの人」こそが「有学の人」であります。また、その有学の人には、学び尽くして学ぶことがすでに無い「無学の人」がおられるのです。

だからこそ、有学の人は無学の人の確かな呼びかけに出会い、信頼し、いよいよ人生の学びを尽くしていくことができるのです。まことに、悩みは乗り越えるべき人生の課題であり、新たなる世界を開く扉であります。そのことを、「無学の人」は語りかけてやみません。

有学の人も無学の人も共に「尊き人」なのです。

⑦

他《た》力《りき》

「何ごとも人生、自力でなくっちゃダメなんだ。だいたい彼はいつも他力本願《たりきほんがん》なんだ。ホントに人任せなんだから…」。

よく耳にするセリフです。このように、世間では何となく軽い気持ちで「他力本願」という言葉が使われています。はたして、他力本願とは、このように人任せで独立心のない生き方をいうのでしょうか。

もちろんこの言葉は仏教語なのです。しかし意味するところはまったく違っているのです。

仏教では、「他力」とは私たちの思いを超えた仏さまの「本願」のはたらきや力をいうのです。他人任せということではありません。

一方、他力の反対は「自力」です。そこで自力について親鸞《しんらん》聖人《しょうにん》のお言葉に尋ねてみますと、「自力というは、わがみ（身）をたのみ、わがこころ（心）をたのむ、わがちから（力）をはげみ、わがさまざまの善根《ぜんごん》をたのむひと（人）なり」とあります（『真宗聖典』541頁、（　）内筆者）。

私たちは日頃、自分の身体や心を基礎にして、自分なりに努力して、自分がよかれと思うことを行い、自分の期待する幸せを求めて生きています。

ここで「たのむ」という意味は、ちょうど私たちが空気を吸っているのに、そのことにまったく気づかないようなもので、たのんでいることとすら気づかない、それほどたのんでいる、という意味です。すべてが「あたりまえ」なのでしょう。

ところがいつも、その「あたりまえ」が壊されて、こんなはずじゃなかったと途方に暮れます。そして行きづまってしまうのです。自力で行きづまったのですから、なんとか自力で克服しようと試みますが、できません。

水の中で溺《おぼ》れそうになった人が、自分の髪の毛をつかんで上に引っ張り上げようとしても、つかんでいる身体全体がズブズブと沈んでしまい、引き上げることができないようなものです。

だから、克服するには自力を超えたものとの出会いが大切です。自分の思いの範囲を超えたはたらき、他力との出会いが欠かせないのです。

親鸞聖人は「他力と言うは、如来《にょらい》の本願力《ほんがんりき》なり」(『真宗聖典』193頁)というお言葉で確認してくださっています。仏さまは片時も休まず、この私一人のために、呼びかけ呼び覚まし、願ってくださっているのです。そのはたらきに気づく時に、仏さまの大きな本願の力、つまり「他力」に頭が下がるのです。

気づいてみれば、私たちは仏さまの呼びかけのなかに願われて生きていたのです。

そしてまた、呼びかけられてみて初めて、自分の思い込みの根深さに気づかされてまいります。

嘆くべきは境遇の不幸ではなかった。悲しむべきは、わが思い込みの根深さに鈍感であり続けてきたわが身自身でありましょう。

他力に出会うことによって初めて、境遇を担って生きる、本当の独立心が開かれてまいります。

おかげさま、なのです。

⑧ 不退転
ふたいてん

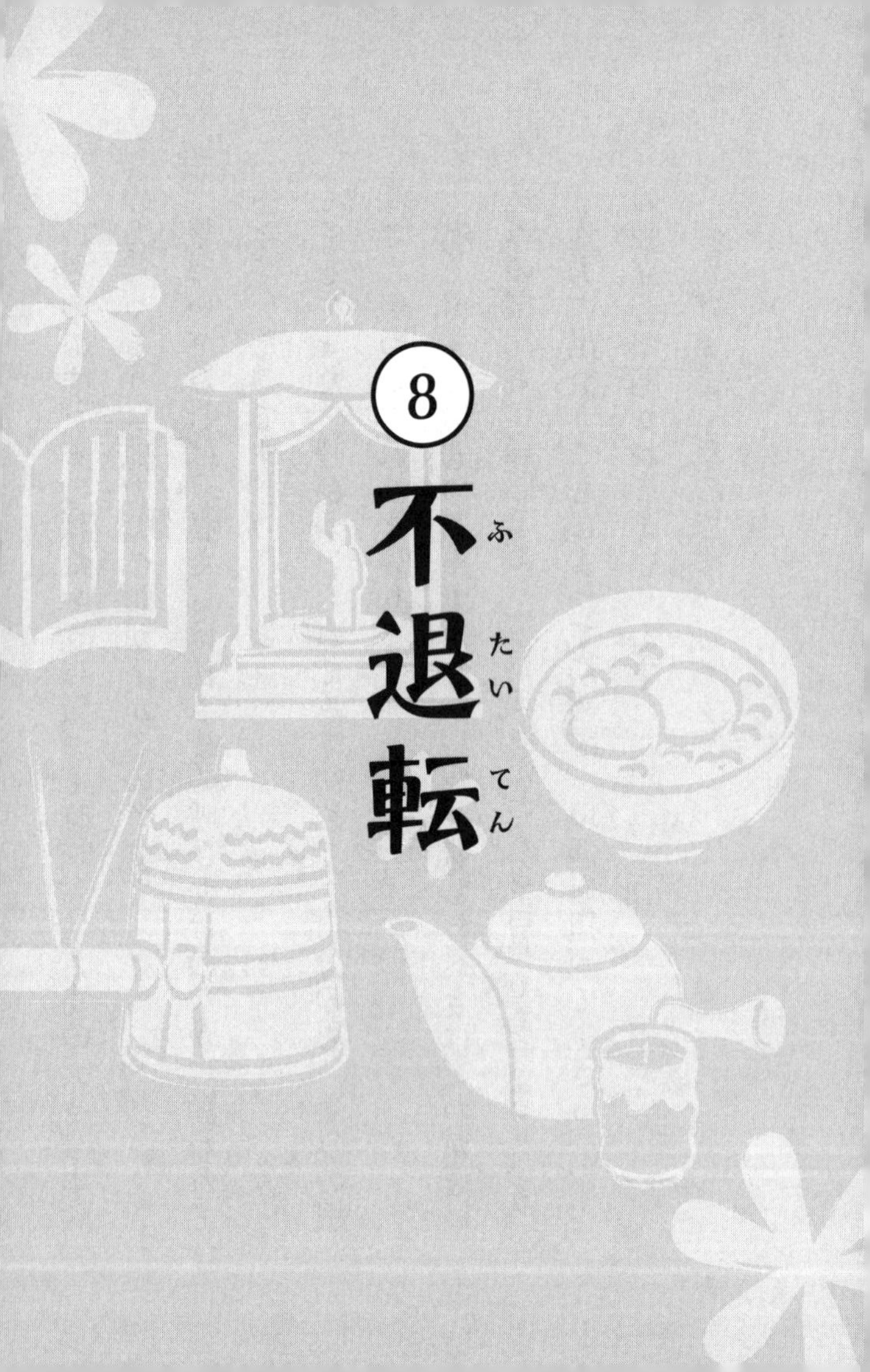

選挙が行われる時、立候補される多くの方々が異口同音に言われる言葉があります。「内外の諸問題に対しては冷静沈着に、不《ふ》退転《たいてん》の覚悟で臨む決意でいる」という言葉です。

不退転…。退転しない。退き、後戻りしない。

この不退転という言葉は、意志をかたく保って、どんな荒波が押し寄せようとも決して屈しないことの意味で使われています。ところが日頃、簡単に使っているこの言葉は、実は仏教語なのです。人生で本当に課題とすべきことが語られている、仏の智慧の言葉なのです。

さて、私たちは一人ひとりそれなりにがんばって生きていますが、よく途中で挫折してしまいます。

挫折しない人などいないでしょう。人生の壁が待ち構えていて、往く手をはばみます。

第一の壁です。乗り越えなくてはなりません。形こそ違え、人はみなそれぞれの状況のなかで、立ちはだかる壁を乗り越えて生き続けたいと願うものであります。その限り、人はみな求道者《ぐどうしゃ》と言えましょう。壁を乗り越えるためにこそ、確かな道を求めていこうとするのです。

しかし道を求め始めると、これまたいろんな道があるので、すべての道を一つ一つ確かめることなど実際にはできません。しかも自分の思いに叶った道かどうかは歩んでみた結果を待たないと解《わか》りません。未来は不透明で道は不確かなまま、空しく時は過ぎていき、飽きて疲れてしまいます。

「もう、いいや」と諦めて後戻り。しかし後戻りするにも、逃げ込む所がなくてはなりません。

そう、かつて抜け出そうとしていた逃げ場所、自分さえ救われればいいという言葉、そこに後戻りしたくなるのです。自分にとって聞き心地の良い教えは魅惑的です。そのなかに戻りまどろんでしまいたくなるのです。わが身に居座るのです。

これこそが「退転」であり、人生の危機、第二の壁なのです。その壁も乗り越えなくてはならない関所なのです。しかし、退転して居座りのわが身に後戻りしたのですから、わが身の内をいくら探しても退転という壁を乗り越える縁はどこにも無いのです。

乗り越えるには、すぐれて、わが身を超えた如来《にょらい》の本願力《ほんがんりき》との出会いによるほかありません。

言い換えれば、このわが身に仏法を「うやまう心」（恭敬《くぎょう》心）

が開かれることによるのです。つまり、先立ってそのような課題に生き、歩むべき道のあることを教えてくださる善き師、善き友の呼びかけ（名号《みょうごう》）のなかに賜る「うやまう心」こそが、退転を乗り越える不可欠の要なのです。

出会ってみれば、我が眼前に、善き師、善き友の歩まれ、指し示してくださる一筋の道がはてしなく広がっていたのです。師・友との出会いをとおして恭敬心に生きる身にさせていただいたのです。居座りを超えて、限りなく教えられ育てられていく確かな「不退転の歩み」が、今、ここに始まるのです。

⑨ 有《う》頂《ちょう》天《てん》

「やったぁー、ついに合格したよ。俺って最高！　合格したんだよぉー」と子ども。

「おめでとう！　あなたのお母さんでよかったと今ほど思ったことないわ。ありがとう」と母。

大学受験や就職試験でよく聞かれる会話です。

長いことがんばってきた結果ですから、喜びもひとしおでしょう。天にも昇る思いでしょう。

ところが、どこからか、「有頂天《うちょうてん》になるなよ」という言葉が聞こえてくるようです。

そうなのです。人間の思う最高の喜びは、どうも、みんなの喜びにはならないのです。

「有頂天」。暮らしのなかでよく使われる言葉です。

「喜びで舞い上がるさま。一つのことに夢中になり、うわの空になること」と辞書にあります。

しかし本《もと》を正せばこれは仏教語なのです。深い意味や問いが隠されているに違いありません。仏さまのお心に尋ねてみましょう。

まず、有頂天の「有」は迷える存在を意味します。「頂」は頂点、頂上、絶頂です。つぎに「天」とは神のことで、その世界を天界と言い、そこに生きる存在を天人と言います。

天人は欲望を離れてさらにより高次の精神（無色界《むしきかい》）に生きていき、その精神世界の最高、世界の絶頂を有頂の天界、有頂天と言うのです。

したがって、有頂天とは自分の思いが思いどおりに満たされてしまっているあり方、何も言うことのない世界です。今の世のなか、誰も彼も浮かれながら、ひたすらその世界を目指しています。有頂天は自らの世界を最高にすばらしい世界だと思い込み、疑ったこともないのです。

だから、有頂天は有頂天であることに気づかない、それほど有頂天であるということになります。

自らに酔う有頂天は、自分自身で自分自身に気づくことはありません。気づくのはただ一つ、現実からの呼び覚ましによるのです。

それは浮かれた天人にとっては思いもしていなかった現実の苦悩なのです。苦悩に呼び覚まされてみて初めて有頂天は自らの夢の限界に気づき、天界から人間界に生まれ変わります。

人間に生まれることは苦悩を生きることです。しかし苦悩あればこそ、それをご縁にしてさらに人間として問わねばならない問いにも気づかされてきます。そこから思ってもみないお育てをいただき、生きることの悲しみの深さにも出会い、新たなるつながりを発見します。

わが思いが満たされなくても、共に生きるという深い感動をいただくことになるのです。

「あなたは有頂天ではありませんか」の呼びかけは、「あなたはどこに身を置いていますか」の問いかけであります。

わが夢以上の、わが思いが満たされる以上の感動のありかを尋ねたいものです。

⑩ 唯《ゆい》我《が》独《どく》尊《そん》

四月八日は花まつり、釈尊《しゃくそん》がお生まれになった日です。各地では花御堂《はなみどう》が設けられて、そのなかには釈尊の誕生仏が安置され、お参《まい》りに来られた方々は甘茶を注ぎます。

誕生仏の姿は、お生まれになったばかりなのに、お独りでお立ちになっています。

言い伝えでは、釈尊は生まれるとすぐに七歩歩き、右手で天を左手で地を指して、「天上天下唯我独尊《てんじょうてんげゆいがどくそん》」と宣言されたそうです。

日常、この言葉は「あの人の態度は唯我独尊的だ。よくないよ。独りよがりで…」などと、独善的という意味で使われることがよくあります。

ところが本来の意味はまったく違うのです。

独尊の「独」は「独立」の独なのです。孤独の独でも独善の独でもありません。

独尊の「尊」は「尊いこと」。

私たちは日頃、損得、善悪、美醜など世間の価値に縛られて、ねたみ、そねみの人生を生きています。軽蔑し合い、いがみ合って生きています。頭の下がることなど、どうもありそうにありません。

ところが、そのような私たちも、気づいてみれば、はからずも大いなる願いに呼び覚まされて、今ここに、こうして生きているのです。生きていることそれ自体に、すでにして、計り知れない尊い意義がはたらいていたのです。

したがって天上天下唯我独尊とは、「この天地において、ただ我れ独りにして尊し」という、わが身の尊い意義に目覚めた独立者の自覚内容であります。

しかもこの宣言は、私たちがこの世に誕生してきたことの意義を教えてくださっているのです。

私たちは何のためにこの世に生まれてきたのでしょうか。

気がついてみたら、選びようもないわが身とわが境遇を生きているだけです。何の変哲もない人生のようであります。しかし、このちっぽけな私たちに向かって、仏さまは「あなたは、比較を超えた尊いあなたに出会い、尊いあなたとして生きるよう、願われて生まれてきたのですよ。尊いあなた！」と呼びかけてくださっているのです。

わが思いに引きずられ、閉ざされて生きている私たちも、その呼びかけに出会う時、初めて自分自身の尊い意義に気づくことになります。

頭の下がる世界に出会わない限り、人間の尊厳は自己主張に変質してしまいます。

まことに、呼びかけられてこそ出会う、わが身の尊さ、独尊です。

赤ん坊が生まれるとすぐに「おぎゃー」と叫ぶ背景には、そのような「独尊への深い願い」が隠されているのかもしれません。

私たちは、この広大な世界に、尊さに出会うべく、願われて生まれてきたのです。

誕生はその私に出会うための第一歩なのです。

こんにちは、みなさん。こんにちは、私。

⑪ 有《あ》り難《がと》う

ある日、電車の中で席を譲ってくださった方がおられました。「ありがとうございます」とお礼を申しあげると、「どういたしまして」と応えてくださいました。大変すがすがしいものを感じました。

このように日常生活のなかでは、いつも「ありがとう」と挨拶が交わされ生活のなかに溶け込んでいます。

相手に対する感謝の言葉なのですから、「感謝します」と言っていいのに、思わず「ありがとう」と言ってしまいます。どうしてなのでしょう。

案外、その背景は深いように思われます。

実はこの「ありがとう」という言葉は本来は仏教語に由来します。尋ねてみましょう。

「有《あ》り難《がた》し」と書きますが、「どう考えても有ることは困難だ、有るはずもないことが現に今有っている」という意味です。出会いのなかで、思いもかけず気づかされる感動の言葉といえましょう。

私たちは日頃、空気でも水でも友だちでも家族でも、有ること（有）が当然だと思っています。

しかしよくよく考えてみると、決して当然だと済ませてしまうことはできません。「亡くなってみて知る親の恩」という言葉も昔から言われています。有って当然と軽く受けとめていますが、亡くなってみなければ気づかないほどに、私たちはその存在のかけがえのなさに鈍感なようです。

また、境遇がいい時には「私を生んでくださって、ありがとう」

と感謝し、境遇が悪い場合には「たのみもしないのに…」と言いそうです。

確かに日常では、自分の都合に合わないことに感謝しなさいなど、不合理に思えます。

しかし、仏教で「有り難し」ということは、自分の都合に合う合わないを超えて、そのままの自分を、丸ごと引き受けることなのです。境遇の善し悪しを超えて、生きる言葉なのです。

「人身《にんじん》受け難《がた》し、いますでに受く。

仏法《ぶっぽう》聞き難《がた》し、いますでに聞く」。

真宗門徒がいつも唱和する「三帰依文《さんきえもん》」のお言葉です。

「(南無阿弥陀仏《なむあみだぶつ》)。

受け難い人の身なのに、今、すでに、いただいています。

聞こえ難い仏法なのに、今、すでに、聞こえています。

（ありがとうございます）」。

ここに、「有り難し」の根源があるのです。

境遇は浮き沈みの連続です。悲しいことも嬉しいこともあり、悲喜こもごもの人生です。

そのなかにあって、出遇《であ》い難き仏法に出遇い、聞き難き仏法を聞く身にさせていただきました。私はそのお育てのなかで、わが身を「有り難し」といただいて丁寧に生きてまいります。

このうなずきこそが人生の出発であり、同時に結論でもありましょう。

「仏さま、この私をありがとう」。

⑫ 阿《あ》修《しゅ》羅《ら》

かつて向田邦子さん脚本による『阿修羅《あしゅら》のごとく』というドラマがありました。

テーマは四人姉妹とその父母、それを取り巻く人たちのごくありふれた生活のなかで見えてくる猜疑《さいぎ》、嫉妬《しっと》、不信、偽《いつわ》り、割り切れない情念の根深さ、正体の解《わか》らない何かと戦い続ける激しい闘争心。わが内なる阿修羅です。

さて、この阿修羅という言葉は、実は、asura（アスラ）というインドの古い言語に由来しているのです。

阿修羅の「阿（a）」は言葉の頭につけてその意味自体を否定する接頭辞、「修羅（sura）」は「神」、漢語で「天」と表現されます。

だから阿修羅は「非天」と翻訳されています。

われ天に非ず、天を否定する者なり、です。

ここで「天」とは神、民族の最高権威を指します。したがって阿修羅とは民族の最高権威に対して、飽くことなき闘争心を生きる者であります。

もともと阿修羅は天の仲間であり善神であったのです。ところが、天界の最高権威、善神インドラ（帝釈天《たいしゃくてん》）と闘争する羽目になり、敗れた結果、天界を追われます。そして悪神になっても、なおもインドラ神に対して闘争をし続けるのです。

圧倒する権威に対して疑心暗鬼。形相《ぎょうそう》もすさまじい、激しいものになってしまいます。

ところがその悪神、阿修羅も、仏さまからあたたかく受けとめられ、仏教に生きる身になります。

『仏説阿弥陀経』というお経のなかに、「舎利弗《しゃりほつ》およびもろもろの比丘《びく》、一切世間の天・人《にん》・阿修羅等《あしゅらとう》、仏の所説を聞きたまえて、歓喜《かんぎ》し、信受して、礼《らい》を作《な》して去りにき」（『真宗聖典』134頁）という言葉があります。

善神・悪神という根拠なき執着に振り回されて善悪の闘争に明け暮れていたのですが、幸いにも仏法に出遇《であ》うこと（聞）によって、初めてわが身自身に立ち帰ること（信受）ができたのです。

つまり、これまで「阿修羅道」を生きてきたわが身自身が問い直されたのです。終わることなく闘争し続けざるを得ない業《ごう》の悲しみの深さに気づき、それを問い直し、より深く歩み始めたのです。

「仏道を生きる神の誕生」であります。

奈良の興福寺に有名な三面一体の「阿修羅像」が安置されています。本来は闘争してやまない神なのですが、お顔の一つは、怒りの顔ではなく、眉を寄せた悲しげな表情をしておられます。なぜ、何を、悲しんでおられるのでしょうか。

それは、どこまでも権威に屈しまいとして、なおも闘い続けてやまないわが身の「呻《うめ》き」からの悲しみであり、さらにその奥にひそむ、根拠なき権威に限りなく振り回され、我《われ》を忘れはてていた自身の「鈍感さ」、その悲しみであります。

阿修羅は、権威を拒否する形で実は権威に従属していたわが身に目覚めたのです。初めて、わが身に自立したのです。

「仏法との出遇いによる神の自立」です。

以後、阿修羅は仏法を讃《たた》える守護神となります。

⑬ 流《る》通《づう》

経済新聞の記事に目がとまりました。

ある大手製造業についての提言でした。その会社は、伝統的に優れた製品を作り、自負もしていたのですが、商品の「流通《りゅうつう》」という視点を軽視していたために、いつしか商品が売れなくなり、今や質も下がってきている、という内容でした。

「おかしい。こんなに良い製品なのに…」とメーカーの方は繰り返すばかりだというのです。

そのあり方に対して、「製品が良くても、流通に鈍感ではダメ。流通を大切にすることで製品の自己満足を破ることができる」といった指摘でした。

怖いのは自己満足に鈍感になること。自己満足に気づけばこそ、製品には流通が大切であるという認識が生まれるというのでしょう。

ところで、「流通」は、日頃は「りゅうつう」と言います。実は仏教語としても使われていて、「るづう」と読むのです。

その昔、四世紀、中国の晋の時代に道安《どうあん》というお坊さんがいました。多くのすぐれた業績があります。なかでも経典《きょうてん》の翻訳や解釈が顕著です。

その業績の一つ、お経を解釈するにあたって、内容を大きく三分割する方法を最初に提案したのも彼です。序分、正宗分《しょうしゅうぶん》、流《る》通分《づうぶん》の三つです。

序分はお経が説かれる背景や動機や理由、正宗分は中心的な内容、本論です。流通分は説かれたお経の内容がどんな未来にも、どんなところにも広く伝わることが願われているのです。

たとえば『仏説阿弥陀経《ぶっせつあみだきょう》』の「流通分」です。

「仏《ぶつ》、この経を説きたまうことを已《おわ》りて、舎利弗《しゃりほつ》およびもろもろの比丘《びく》、一切世間の天・人《にん》・阿修羅等《あしゅらとう》、仏の所説を聞きたまえて、歓喜《かんぎ》し、信受して、礼《らい》を作《な》して去りにき」（『真宗聖典』134頁）。

お経の内容がすべての人びとに聞き取られ、感動を開き、あたかも水が「流」れるように「通」じた事実が述べられて、仏さまの説法は終わります。

ここで、「流通」したという事実が語られてご説法が終わるのは、いったいなぜなのでしょうか。

お経は仏さまがさとられた道理《どうり》（法）を述べた言葉です。その背景には自己満足（慢心）を克服して流通せずにはおかないという仏陀の「悲願」、つまり、自らに気づき、どこまでも私たちに寄り添い、呼び覚ます「本願《ほんがん》の歩み」があるのです。

そこには他者に無関心な自己主張、言いっぱなしはありません。この流通の事実は、仏さまの言葉がすべてに伝わり、その真実性が自ずと証明されていくことを物語っているのです。仏さまの言葉自体に、すでにして流通力があるのです。

一方、私たちは、はたして流通力のある言葉をもち合わせているでしょうか。自己満足に気づかないままに言葉を吐き、しかも、誰も解《わか》ってくれないと愚痴《ぐち》っているのかもしれません。

その事実に気づかないのが、悲しいのです。

その悲しみの向こう側に仏さまの悲しみがあるのです。

⑭ 悲《ひ》願《がん》

毎年開催される春・夏の全国高校野球大会。全国の高校球児が覇《は》を競って戦い、最後に一校が全国優勝を勝ち取り、長年の悲願《ひがん》を達成します。

誰もが惜しみなく拍手をおくりその栄光を称《たた》えます。しかしそのそばでは、惜しくも敗れたチームが悔しさに歯を噛みしめます。

このように、人間の抱く「悲願」は、どうしても実現しようと心から念じている「悲壮な願い」を意味します。人間の思いに根ざした願いなのです。したがって、この人間の悲願は成就すると勝者が誕生する一方、同時に必ず敗者が生み出され、そこに人の世の不幸が立ち現れるのです。この矛盾をいかに受けとめていけばいいのでしょうか。いずれかが善であり、いずれかが悪であると簡単に決め込むことはできません。

ただ、この矛盾を深い悲しみとして抱きとめてくださる世界があるのです。如来《にょらい》の悲願です。

「悲願」とはもともと仏教語なのです。

必ず「如来の悲願」「菩薩《ぼさつ》の悲願」として表現され、私たちの日常の「悲願」とは区別されます。悲願の「悲」は如来の悲しみであり、引き裂かれた心、どうにもならない現実への悲哀《ひあい》です。私たちが自分の目的のために是が非でも達成しようとする悲壮な心とは質を異にします。

如来はどのような者であれ私たちの姿をじっと見ていてくださり、私たちの出口なき悲惨な姿に御身が引き裂かれ、私たちが救われなかったならば如来ご自身も如来として生きていけないと悲しまれる心です。

如来ご自身が理想的な世界にいて幸せと歓びに満ちあふれているとしたら、本当に私たちに寄り添うことはできません。如来の「悲」とは、如来ご自身の救われざる悲しみにおいて私たちに寄り添う心、私たちと一つになる心です。

つぎに悲願の「願」とは、その「悲」を根拠として私たちにはたらきかける如来の「願い」です。私たちはわが身の現実や未来に立ちはだかる大きな壁の前で呻《うめ》いています。如来は、その呻きに寄り添ってくださって、壁を乗り越える道がお念仏の道として開かれていることに、どうか気づいてくださいと私たちに「願」ってやまないのです。

「しかるに仏かねてしろしめして、煩悩具足《ぼんのうぐそく》の凡夫《ぼんぶ》とおおせられたることなれば、他力の悲願は、かくのごときのわれらがためなりけりとしられて、いよいよたのもしくおぼゆるなり」（『歎異抄』第9条・『真宗聖典』629頁）。

如来は、かねてより、私たちの本当の姿をお知りになってくださっていて、「汝は煩悩具足の凡夫なのです」と呼びかけてくださっているのです。

私たちは、その呼びかけのなかに、わが身の罪業の根深さ、割り切れなさ、悲しみの深さを知らされ、人間として本当に悲しまなくてはならないことに無関心であったわが身に目覚めるのです。

如来の悲願なしに、悲しみの凝視《ぎょうし》はありません。

⑮ お彼《ひ》岸《がん》

お盆も過ぎ、蝉の声もいささか静かになり、空もいくぶん澄みわたり、秋の気配が感じられる頃、秋のお彼岸《ひがん》がおとずれます。お彼岸になりますと、お内仏《ないぶつ》（仏壇）やお墓の掃除をしてお花を供《そな》えお参《まい》りします。お寺では彼岸会法要がお勤めされ、お経《きょう》があがり、聞法《もんぽう》の集いが開かれます。頭の下がる世界に身を置くのです。

この「お彼岸」という言葉はもちろん仏教語です。彼岸の「彼」は「他の」「向こう側の」「彼《か》の」を意味します。したがって彼岸とは、私たちの迷いの世界を超えた向こう側、絶対的に他なる、彼《か》の仏さまの世界を表現する言葉なのです。

「生死《しょうじ》の彼岸に度せんと欲わん者」（生死という迷いを超えて彼の岸にわたりたいとのぞむ者）（『真宗聖典』３８０頁）など、「生死の彼岸」と表現されたりします。

生死・迷いの世界が此《こ》の岸、此岸《しがん》であり、それを超えた向こう岸が彼岸、仏さまの世界です。

ところで、この彼岸と此岸とを分けるのが、ほかならぬ「川」の存在なのです。川があるからこそ向こう岸が彼の岸（彼岸）として立ち現れます。すると同時に、今度はこちら側の岸の存在が知らされてまいります。「此の岸」（此岸）です。

川がなければ「彼岸」も「此岸」もなく、どこまでも単一で平坦な世界が続いていくだけです。

たとえば、砂漠の中ではよく砂に埋もれた川があります。このように砂漠の中で川が隠されていますと、向こう岸とこちら岸は存在がはっきりしていません。しかし砂の中から川が現れてまい

ります と両岸の存在がはっきりしてきます。

仏教では彼岸と此岸とを隔てる「川」は私たちを縛っている無《む》明《みょう》・煩悩《ぼんのう》にたとえられます。無明・煩悩という川が自覚されない限り、彼岸も此岸もあるのかないのか区別もたたず曖昧なままです。

一方、無明・煩悩に目覚めますと、仏さまの世界（彼岸）と私たちの迷いの世界（此岸）とが明瞭に区別され、その意義が知らされてまいります。

つまり、彼岸の世界が明瞭に知らされることとは、同時に私たちの迷い深きこの世、此岸の世界が照らされ、はっきりと知らされてくることでもあります。「照らす世界」と「照らされる世界」です。

そこに、私たちには「一つの世界」のみに生きることから「二つの世界」に生きることが始まります。自分の思いがすべてであった生き方から、その生き方が照らされ問われる世界に生きることが願われてくるのです。

生きらるべき世界は平板な一世界ではなく、呼びかけ呼び覚まされる立体的な二世界であります。

「お彼岸」は、み仏《ほとけ》の世界の確かさを仰ぎつつ（彼岸）、わが身の罪業の深さが知らされていく（此岸）、まことにてらいのない穏やかな温もりを私たちに開いてくださる仏事であります。

現代の最大の不幸は、彼岸の喪失にあるのです。

⑯
凡《ぼん》夫《ぶ》

人間とは一体何なのでしょうか。これは古来よりずっと尋ねられてきた大切な問いです。

この「凡夫《ぼんぶ》」もたいへん古くから人間を受けとめる言葉でした。日常では「凡人」「普通の人」という意味で使われます。さらに「どうせ凡夫ですからね」と自分を卑下《ひげ》したりします。そこには「劣っている」という人間の価値づけがすでにあるようです。これでは、「凡夫＝ダメ人間」となってしまいます。

はたしてそうでしょうか。尋ねてみましょう。

インドの古い言語ではprithag-jana（プリタッグ・ジャナ）と言います。prithagとは「まったく異なっている」、janaとは「生まれてきたもの」を意味します。それで、もともと凡夫とは「まったくバラバラで生まれてきたもの」という意味であります。

漢語では「異生《いしょう》」と翻訳されました。

人間は生まれながらにしてバラバラ（異）な関係を生きなくてはならない。凡夫とはまことに「悲しい存在」であることを言い当てた言葉です。

しかし、なぜ人間はバラバラであり続けるのか、人間自身には解《わか》らないのです。解らないから相手や環境や生まれのせいにしてしまいます。

しかし、それでは存在が晴れないのです。

そこで、表面的なバラバラというあり方がさらに照らされて、その根元にまで光が当たります。

バラバラであるのは、気づかずにずっと用いてきた、人間の抱える「罪業《ざいごう》」にあったのです。

『仏説観無量寿経《ぶっせつかんむりょうじゅきょう》』のご説法に、わが子阿闍世《アジャセ》に反逆され苦しめられたマガダ国の王妃韋提希《イダイケ》が登場します。彼女は偉大なる王妃であり賢夫人でありました。ところがお腹を痛めて生み、これだけ愛してきたわが子によってなぜ反逆されねばならないか、その事実に納得できず悲嘆のなか、釈尊《しゃくそん》の前に身を投げ出して問うのでした。

すると釈尊は韋提希に対して、

「汝《なんじ》はこれ凡夫《ぼんぶ》なり。心想羸劣《しんそうるいれつ》にして未《いま》だ天眼《てんげん》を得ず、遠く観《み》ることあたわず」（『真宗聖典』９５頁）と呼びかけます。

韋提希よ、あなたは凡夫なのです。意志は弱く、あらゆるものを見通す眼を得ておらず、広く深く豊かな仏の世界が足下にまではたらいていることに気づいていないのです。だから、どうか、そのわが身の事実に気づき、その事実を荷負《にな》う人間になってください…。

釈尊はわが身に出会えぬ韋提希をじっと見ていてくださり、悲しみ、そして願ってくださっていたのです。

ここで、凡夫とは罪業を生きるものという意味に深まってまいります。ダメ人間ではないのです。

まことに、仏に呼びかけられ仏の悲しみにふれてこそ出会う「罪業深きわが身」を言い当てた言葉であったのです。

バラバラな私たちは、実は共に凡夫なのです。

共に凡夫という課題を荷負う「善き友」なのです。

⑰

荘《しょう》厳《ごん》

東本願寺の阿弥陀堂《あみだどう》にお参《まい》りした時のことです。お堂に入るとその荘厳《そうごん》さに圧倒され、思わず頭が下がりました。お内陣《ないじん》には阿弥陀さまの御木像が安置され、欄間《らんま》には飛天が舞い、壁には奥深い青色の水の中に生き生きと成長している蓮、水蓮《すいれん》が描かれています。お仏花やお香が厳《おごそ》かにお供《そな》えされています。私たちが日頃親しんでいる家庭のお内仏《ないぶつ》(仏壇)も同様です。

このようにお内陣やお内仏には「お飾り」が整えられています。このお飾りを「荘厳《しょうごん》」と言います。

けだかく厳かな雰囲気を表現する場合は「荘厳《そうごん》な雰囲気」、「ソウゴン」と発音し、また動詞や名詞で使用する場合は「お内仏を荘厳《しょうごん》する」「お内陣の荘厳《しょうごん》」など、「ショウゴン」と発音しているようです。

ところでこのお飾り、つまり「荘厳」とはどのような意味があるのでしょうか。

「荘厳」は原語ではvyūha（ヴューハ）と言います。「秩序あるみごとな配列」という意味です。またalaṃkāra（アラムカーラ）とも言います。これは「飾り、飾る行為」を意味します。

したがって、荘厳とは「形なきものを具体的な形（みごとな配列・飾り）で表現すること、または表現されたもの」という意味になります。

「釈迦《しゃか》、極楽《ごくらく》の種種《しゅじゅ》の荘厳《しょうごん》を讃嘆《さんだん》したまう」（お釈迦さまは、極楽世界のさまざまなお荘厳を讃《たた》えておられるのです）（『真宗聖典』217頁）。

如来《にょらい》の大悲心はあらゆる生きとし生けるものに対して平等には

たらいているのですが、はたらきですので形はなく眼には見えません。だから具体的に表現されたもの（荘厳）をとおして初めて、そのありがたさに気づき、讃えずにはおれないのです。形あるものをとおして形なきものにふれるのです。

私たちはいつしかこの人生を、無内容な出来事の繰り返しに過ぎないと思ってしまいます。しかし同時にまた、この一見無意味な現実にあっても、お浄土に往生《おうじょう》する新しい生活を回復して人生を丁寧に全うしたいと願わずにはおれません。

しかし悲しいことに、私たちはその往生すべきお浄土が解《わか》りません。いかなる世界に生まれていけばいいのか解らないのです。永らく世間の考えにドップリ浸かってきたために忘れはててしまっているからに違いありません。

その忘れはてた私たちの姿を「じっと見ていてくださり」「悲しみ」、本来の世界を回復するように「願ってくださっている」のが阿弥陀如来の願心なのです。

そのために如来は、私たちの眼に見える表現方法をあえて使って、私たちの帰るべき世界を表現（荘厳）してくださっているのです。

辛いことも悲しいことも、帰るべき世界を開く扉であることを如来の願心は語りかけています。

苦悩もお浄土を指し示す荘厳であったのです。

18

遊《ゆ》戯《げ》

保育園や幼稚園ではお遊戯《ゆうぎ》の時間があります。幼児期には「遊び」が大切であると言われます。

遊びをとおして工夫や驚きも生まれ、友だちや自然とのつながりを発見し、今ここに生きている、いや、生かされている意味を、人為によらず自《おの》ずと感じていくからなのでしょう。恵みなのです。恵みあればこそ、子どもたちは元気にのびのび生きあうことができるようです。

ところで、「遊戯」は遊《あそ》び戯《たわむ》れると読みます。遊戯の「遊」は遊びまわるとか、子どもの遊び、大人の遊び、また遊び人という言葉もあります。〝どこか遠くに遊びに行きたいなあ〟と使ったりします。

また遊戯の「戯」は、たわむれる、ふざける、じゃれつくといった意味に理解され、戯言《たわごと》などと使われたりします。

このように文字一つ一つの意味から考えてみますと、遊戯とは現実に身を置かず適当に遊ぶというふうに受け取られてしまいがちです。

しかしこの言葉は、実は仏教語なのです。「遊戯」は「ゆげ」と読みます。深い意味があるに違いありません。尋ねてみましょう。

遊戯《ゆげ》の「遊」は自由自在であること、「戯」は実は「無碍《むげ》」の意で、さまたげ（碍）が無く自由であることなのです。たわむれではありません。

したがって遊戯とは、あれこれと碍《さまた》げばかりの状況にあっても、その真っただなかに身を置いて、いかなる碍げからも束縛されず自由に活動することを意味します。そのような生き方ができたら、人生、どれほどすばらしいかわかりません。しかし私たちは、いつも礙げに邪魔されて不自由な境遇を恨みます。

しかし、よくよく考えてみますと、人生の礙げとは何なのでしょうか。あの人のせい？　この人のせい？　いろいろと礙げを考えますが、もともと何がわが身を礙げているのか、礙げの正体は何なのか、実は誰も確かには解っていません。

ですので私たちは、わが身を礙げているものが本当は何であるかを知りたいのです。知ってどこまでも自由に生きることを心底求めているのです。

そこで、この私たちの自由を希求する願いに応《こた》えて、阿弥陀《あみだ》さまはこの濁世《じょくせ》にはたらきます。

「煩悩《ぼんのう》の林に遊びて神通《じんずう》を現じ、生死《しょうじ》の園《その》に入《い》りて応化《おうげ》を示す」（『真宗聖典』206頁）。

阿弥陀さまは人生という礙げ多き煩悩の林のただなかにあって自由に活動され（遊）、私たちそれぞれの苦悩の現実に応じて自在にいろんな姿をとられて（戯）、ご説法くださっているのです。どこまでも不自由な私たちの現実に無条件に寄り添い、いかなる世界をも排除しない阿弥陀さまの活動こそが真実の遊戯であり、恵みなのです。

遊びがいたるところで商品化されている現代、本当の遊びとは何か、考えてみたいものです。

19

歓《かん》喜《ぎ》

プロ野球日本シリーズ。最終戦ともなれば数万の観戦者は試合のすばらしさに歓喜《かんき》し、新聞は「歓喜に沸いた一日であった」と讃《たた》えます。

歓喜…。そろって歓声をあげて非常に喜ぶ、大変な喜びを意味します。

しかし世間でいう歓喜は、悲しいかな、つかの間のよろこびです。感動の試合が終わって日常に戻れば厳しい現実が待ちかまえています。余韻は残ります。しかし、それも消えていくのです。

戦争で勝利した時の熱狂する感動もあるようです。その勝利には、勝者、敗者を問わず必ず悲惨な問題が立ち現れてきます。

しかし、であるにもかかわらず、人は感動にあこがれ、求め続けるのです。感動の根が幻想であれ、それに狂喜したいのです。

　では、つかの間の感動でもなく、犠牲者もなく、幻想でもない感動はどこにあるのでしょうか。

　そこに人間として深い問いが生まれます。

　実はその問いに応えて仏法は感動の在りかを明らかにして、それを「歓喜《かんぎ》」と名づけました。

　仏さまは感動と悲嘆のはざまに引き裂かれた人間の悲しみを深く受けとめておられるのです。

「あらゆる衆生《しゅじょう》、その名号《みょうごう》を聞きて、信心歓喜《しんじんかんぎ》せんこと、乃至《ないし》一念《いちねん》せん。心《しん》を至し回向《えこう》したまえり」（『真宗聖典』44頁）。

　あらゆる人々が、（諸仏が称《たた》えましますます南無阿弥陀仏《なむあみだぶつ》の）名号を聞いて信心を「歓喜」する。まさにその信心において、すでにして阿弥陀さまの真実のお心、私たちに向けての久遠《くおん》のご回向

（本願《ほんがん》の恵み）がはたらいていたのです。

まず、歓喜とは「信心」を歓喜することであり、お念仏の呼びかけに出会って生きる身を今、ここに、賜った喜びなのだと教えられます。

私たちは日常、感動の世界を勝手に思い描き、未来に期待し夢見て、今を生きています。しかしそれは私たちの期待であり夢である限り、空しく、はかないものであり、だから不安なのです。ところが、そのような、かたくなな私の思いを破って呼び覚ましてくださっている「仏のお心」（至心《ししん》）があったのです。真実心。智慧の光に照らされて生きる「わが身」の発見でもあります。

その時、道なき者に道が開かれてきます。

しかも、釈尊《しゃくそん》をはじめその道に出会って生きてこられた無数の諸仏方が称《たた》え証明し、私にその道を歩めと勧めてくださっている道なのです。

その道に立つ時、どこまでも召され育てられ、生かされてあるお浄土がすべてに平等に開かれていることに気づかされます。

したがって、歓喜、つまり真の感動とは、つかの間の感動でも勝者の雄叫《おたけ》びでもなく、ましてや幻想世界への狂喜でもありません。

このちっぽけな私が、はからずも広大な仏道に出会い、限りなき道の第一歩を踏みだし得た時、「道、ここにすでにあり」といただく確信です。

⑳

方《ほう》便《べん》

「あの人には、このように言っておきましょう」。

「えっ。だってそれ嘘《うそ》でしょう。そんなこと言っていいの？」。

「いいんですよ。嘘も方便《ほうべん》と言うでしょ」。

このように「嘘も方便」といった慣用句があります。私たちがある目的のために取る便宜上の「手段」で、たとえ嘘であっても許されるというほどの意味なのでしょう。

ですが、仏教語でいう方便は「嘘も方便」の方便ではありません。そこでまず方便の由来について考えてみましょう。

私たちは旅行をしようとする時、今の自分の体調を考えます。その上で、新幹線がいいのか自動車がいいのか交通手段を選びます。そのように、身の置かれた状況にできるだけ近づけて「手段」を考えます。目的を達成するためには、何よりもわが身の事実に合った「手だて」が必要なのです。

いつの世も平和ということが切望されます。しかし、平和のためには戦争もやむを得ないといって、戦争も手段として肯定される場合があります。核ですら保有が認められることだってあるのです。

人間の考えは至ってこのような質のものなのです。どうも私たちはわが身に気づいていないのです。

このような私たちを救うために、永きにわたり救いの「手段」が考察されてきたのです。それが「方便」です。

「方便」の原語は upāya（ウパーヤ）、「近づくこと」であり、さらに「手段」「手だて」を意味します。救いという目的に近づく、至るための手段のことです。

では、一体誰が方便を提示するのでしょうか。

自分中心でしか生きておらず、歩むべき本当の道に出会っていないものが提示することはできません。案外世のなかの混乱はこれが根のようであります。解《わか》ってもいないのに解った顔をして解決の手段を高言します。すると、混乱がいやが上にも増幅されます。

そこで、方便を教えてくださるのは究極的には仏のみであり、仏こそが一切衆生《しゅじょう》を救いに導くということが自覚され、確認されてきます。そのためには、長い長い歴史の歩みがあったのです。救いの方便を説くのは衆生ではなく仏だったのです。

「釈迦弥陀《しゃかみだ》は慈悲《じひ》の父母《ぶも》／種々に善巧方便《ぜんぎょうほうべん》し／われらが無上の信心を／発起《ほっき》せしめたまいけり」（『真宗聖典』４９６頁）。

お釈迦さま（釈尊）と阿弥陀さまは慈悲あふれる父母でありま す。種々の巧みな方便で、私たちのこの上ない信心を起こしてくださっていたのです。

仏の方便とは、仏の大慈悲に基づく手だてのことで、自分の思い込みに生きている私たちを「悲しみ」「寄り添い」、あらゆる「手だて」をもってわが身に出会ってほしいと願ってくださっているのです。

また、さえぎる壁を乗り越えるには梯子《はしご》という手だてが必要ですが、乗り越えてしまえば後は不要になります。このように、方便の教えを不要であり捨てるものと受けとめる考えもあります。

しかし、如来の方便は信心を得た後は不要になるというわけではありません。それを手だてにいよいよ仏さまのお心に帰り、いつもお育てを感じて感謝する生活をおくっていくのです。

辛かった人生の壁も、智慧なき私への仏の御方便であったと、そのお育ての深さに頭が下がるのです。

㉑ 魔《ま》

「魔《ま》が差した」。

この言葉ほど怖いものはありません。手に負えないからです。どんなに人格者であっても、どういうわけか、してはならないことをしでかしてしまうのです。あの人に限ってそんなはずはない…などの言葉もかき消されてしまいます。

では、どうして「魔」が心のなかに入り込んで悪い判断や行為をしてしまうのでしょうか。

人間はみんな自分を善人だと思っています。だからそのような魔は自分自身にあろうはずもないと考え、自分以外のところにその原因を見つけようとします。

また、不幸な境遇に陥った時、いつも口にするのは「私は少しも悪いことをしてはいないのに、どうして?」という言葉です。

魔が「たたり」の本体として受けとめられていくのです。

このように、いつのまにか魔は実体視されて人間を縛っているものと見なされてしまいます。

では、もともと「魔」とは何なのでしょう。

「魔」は原語では māra（マーラ）で、「魔羅《まら》」と音写します。この魔という字は、それまで使われていた「鬼」が「麻《ま》」の発音と合体して「魔」という漢字がわざわざ作り出されたとも言われます。魔は中国伝統の「鬼」では言い表せない深い意味合いの言葉だったのでしょう。

さて、この魔 māra は、殺す、破壊する、邪魔する、障碍《しょうがい》する、誘惑するなどが原意です。

人間が目的に向かおうとする歩みを邪魔し碍《さまた》げ、本来人間として歩むべき道を迷わせ、自分自身を破壊しダメにしてしまうものです。

ところで、釈尊《しゃくそん》が菩提樹《ぼだいじゅ》の下で初めて開かれたさとりを「降魔《ごうま》成道《じょうどう》」と言います。魔を降伏させた時（降魔）、そこにそのまま、歩むべき道が成立したこと（成道）を指し示している教えです。

私たちは苦悩の原因を自分の外に見つけ、そしてその原因を無くしてしまえば苦悩は無くなると考えます。いわば魔を外に見て魔を壊滅させようとするのです。

ところが釈尊は、わが身を縛《しば》っている苦悩の原因は、ほかならぬ自分自身にあることに目覚められた。つまり魔の正体を発見（正覚《しょうがく》）されたのです。すると魔は手出しができず、力を失い退散します。魔を殺すのではなくその正体を見破って力を失わせる。

これが釈尊の目覚めであったのです。

では魔の正体とは何であり、何が歩みを碍げているのでしょうか。それはわが身の内に気づかずにはたらいている無明《むみょう》・煩悩《ぼんのう》にほかなりません。

ところが、魔が自分の外《そと》にあると考える限り、実体化され絶滅されるべき対象となるのです。

人類の歴史は、無明・煩悩という魔の正体に気づかぬまま、善神にこと寄せて魔を実体化し、撲滅しようとし続けてきた歴史でもあります。

人類の業縁《ごうえん》の根深さから目をそらさずに世間を問い直すことが願われているように思われます。

㉒ 真《しん》実《じつ》

振り込め詐欺の被害は過去最悪だそうで、あんなに多くの、しかもしっかりした人がどうして騙《だま》されてしまうのか、考えてしまいます。

これでは他人を信じようとしても騙されそうで不安です。一方、自分を信じようとしますが、自分ほどあやふやな存在はありません。

そのなかにあって、人は確かなものを求めつつ、しかも出会い得ぬわが身をもてあましています。

本当に信じられるものに出会いたいのです。だから人は真実《しんじつ》を探し求めているのです。

「真実はどこに、どのようにあるのでしょう」

これは久遠の昔から人間が心の奥底から発《おこ》し続けてきた問いで

あり生存の叫びであります。

長い仏教の歴史はその問い、その叫びに応《こた》えての歩みであったと言っても過言ではありません。

真実について親鸞聖人《しんらんしょうにん》が常に立ち帰って、自らを回復されて生きられたお言葉が、これです。

「煩悩具足《ぼんのうぐそく》の凡夫《ぼんぶ》、火宅無常《かたくむじょう》の世界は、よろずのこと、みなもって、そらごとたわごと、まことあることなきに、ただ念仏のみぞまことにておわします」（『歎異抄』・『真宗聖典』640〜641頁）。

ここで、この身この世はすべて、そらごとたわごと、まこと（真実）あることなしと断言されます。そして、まこと（真実）は念仏のみであると教えてくださっているのです。

お念仏は阿弥陀さまのご本願《ほんがん》のはたらき。私たちは、お念仏を申すところに、阿弥陀さまの呼びかけに呼び覚《さ》まされて、わが身の罪業《ざいごう》の深さが照らし出され、知らされてまいります。

そこに真実との出会いがあり、頭が下がります。

「真」が「実」としてこの世にはたらくのが真実。如来《にょらい》の真《まこと》が私たちにはたらきかけて、私たちのあるがままの姿を知らせてくださるのです。

一方、私たちは日頃、真実は自分にある、わが考えに間違いなしと思って生きています。そしてその思いに取り込まれて、かえって人生を結論づけて捨ててしまうのです。思い込みを真実としてしまうからです。捨てなくてはならないのは人生ではなく、わが思い込みだったのです。

したがって、真実はわが身にあるのではなく、わが身に最も深く関係し常に寄り添う唯一のリアルな呼びかけ、如来にあるのです。実は、如来こそが真実のはたらきそのものであったのです。

私たちは、如来に出会いわが身のありのままの姿に目覚めれば、そのわが身を生きればいいのです。その時、いかなる境遇にあっても自分を卑下《ひげ》したり虐《いじ》めたりする必要がまったくなくなって、逆に新たに、この自分を如来より賜った自分としていただき直して、大切に生きることができるのであります。

不信に基づく狂騒《きょうそう》と自虐《じぎゃく》の現代、ひたすら真実との出会いが待たれています。

㉓ 畜《ちく》生《しょう》

「この畜生《ちくしょう》め！」。

怒った時や悔しい時に自分自身や他人をののしって思わず発してしまう言葉です。

しかし、この言葉は本来仏教語であって、人生において克服しなくてはならない大事な課題を明らかにしてくださっているのです。

仏教では「六道《ろくどう》」ということが言われます。地獄《じごく》道、餓鬼《がき》道、畜生《ちくしょう》道、修羅《しゅら》道、人《にん》道、天《てん》道のことで、自らの罪業ゆえに出口なき世界をさまよう六つの生き方で、畜生道はその一つです。

「畜生」の原語はtiryañc（ティルヤンチュ、「横向きに」「斜めに」生きる）で、「横生《おうしょう》」「傍生《ぼうしょう》」と漢訳されています。真っ直ぐに生きるものに対応する言葉で、生きるべき道理《どうり》の前を横切り、傍らに置いて生きるものの意でありましょう。

『往生要集《おうじょうようしゅう》』によると「畜生道とは鳥類、獣類、虫類で、強者・弱者が互いに害し合い、食い合って安心できず、昼夜なくいつも怖懼《ふく》（おそれ、おどおど）し、身体を繫《つな》がれて、たたかれて重荷を背負って生きている」（筆者取意）とあります。実に惨《みじ》めです。

しかし、もっと悲しいことがあるのです…。

畜生とは野山を自由に動き回る野獣というよりも家畜、飼育されている生類《しょうるい》のことなのです。

ある時、飼い主が牛を広い草原に連れて行き、綱でクイに繫ぎました。広い草原を前にして、牛は自由になりたくてたまりません。綱をグイグイ引っ張ります。とうとう飼い主は綱をほどきました。ところが牛は広い草原を自由に走っていくかと思いきや、今まで繋がれていたクイの周りをただ回っていただけでした…。

自由を求めていたので自由にしようとしたら、周りに依存した生活に飼い慣らされていて、逆に自立できなくなってしまっていたのです。惨めという以上に、もっと悲しい問題です。

なぜ人間はこのような畜生道に陥ってしまうのでしょうか。

仏さまの智慧の光は人間が気づかずにいた「愚痴」という罪を照らし出し、畜生道を生きざるを得ない人間の闇を開いてくださるのです。

愚痴とは、わが無明《むみょう》ゆえに道理に生きることができずに、その結果、状況に振り回され、状況の主体者となりえず、状況を担えない罪であります。さらに、それにとどまらず、親鸞聖人《しんらんしょうにん》は『涅槃経《ねはんぎょう》』を引用されて語ってくださっています。

「「無慙愧《むざんぎ》」は名づけて「人《にん》」とせず、名づけて「畜生《ちくしょう》」とす」（『真宗聖典』257～258頁）。

ここでは、愚痴という罪よりもさらに深く、愚痴なるわが身に無関心で、恥じる心痛む心がさらさらなきもの（無慙愧）をあえて「畜生」として教えてくださり、本来の「人《にん》」（慙愧あるもの）に立ち帰ることを勧めてくださっているのです。

罪の深さに気づき、自分自身に自立して生きる人間になることが、私たちに願われているのです。

㉔

餓《が》鬼《き》

私が子どもの頃は、周りには悪ガキがたくさんいて、そこでは必ずガキ大将が幅をきかせていたものでした。

この「ガキ」は、子どもを見下している言葉として使われ、漢字で書けば「餓鬼《がき》」です。

暮らしのなかでも「あいつは餓鬼のようにガツガツ食べる」などと今でも使います。これはお腹がすいてどうにもならない状態を言います。

この「餓鬼」という言葉も本《もと》を正せば仏教語なのです。六道《ろくどう》の一つで「餓鬼道」をいい、また地獄《じごく》道、餓鬼道、畜生《ちくしょう》道、自らの罪業ゆえに人間に生まれながら人間を失って生きている三つの生き方、つまり三悪道《さんまくどう》の一つでもあります。単に餓鬼ではなく餓鬼道、「道」がついています。つまりこれは、生き方を意味しているのです。餓鬼という生き方を示すことで、誰もが等しく抱えて生きざるを得ない人間の問題を明らかにしているのです。

では、もともと餓鬼とは何を私たちに教えようとしているのでしょうか。

餓鬼は原語ではpreta（プレータ）、「死者」を意味します。平安から鎌倉にかけて描かれ流行した絵巻に餓鬼草子がありますが、餓鬼の描写を見ますと鬼気迫るものを感じます。「鬼」なのです。

またその絵巻の餓鬼は、やせ衰えて今にも死にそうなのですが、お腹だけは大変ふくれています。お腹がパンパンになるまで食べても食べても、本当に満足ということがないのでしょう。

餓鬼の表現はたくさんありますがその一つ。

「あるいは鬼《き》あり。昼夜におのおの五の子を生む。生むに随《したが》いてこれを食《く》らうに、なおつねに飢乏《きぼう》す」（『往生要集』）。

毎日毎日、昼も夜も、お腹を痛めて五人の子どもを生む。そして生むたびごとに、わが空腹のためにその子どもたちを食べてしまう。しかしいくら食べても満たされるどころかいつも飢えて乏しい。だからますますお腹を痛めても生んでいく…。

また餓鬼に三種あると言われます。「無財《むざい》餓鬼」「少財《しょうざい》餓鬼」そして「多財《たざい》餓鬼」。財（所有物）が無いので飢える、少ないから飢える、それは解《わか》ります。しかし極めつけは多財餓鬼。財が多ければ多いだけ飢えて乏しいというのです。

人間にとって豊かさ、満足とは何なのか。

それが問われているのが「餓鬼道」なのです。

そこでこの問いに応えて、お念仏申すものに開かれる利益《りやく》を「満足志願」と言います。志願に満足すること。

つまり真の満足とは、人間の思いが満たされるのではなく、限りなく、人間としての志願が明らかになり、その志願に生きる身になること。

言い換えれば、苦悩の現実のただなかに限りなく課題を見出していき、そこにはたらく大いなるお育てのご恩に目が覚めることであります。

どこまでも餓鬼道を生きる悲しい存在である私たち現代人こそ、お念仏に出会い、生きるべき志願を明らかにしていくことが願われているのです。

㉕ 地《じ》獄《ごく》

「地獄《じごく》は有るのか無いのか？　悪いことをすると死後に地獄に堕ちる。だから善いことを行え。いや、地獄が有るという考えはでっち上げだ。地獄に行ってそれを見て帰ってきたものがいるのか。地獄など有りはしない。罰など受けることはない」。私たちはこういった調子で地獄についていろいろと考えています。

しかし地獄とは何ですかとあらためて尋ねられると、誰も知りません。大変苦しむところというくらいです。よく解《わか》らないのですが怖いのです。

地獄…。原語ではnaraka（ナラカ）と言います。音写して奈《な》落《らく》。劇場の舞台下の空間のことを奈落と呼ぶのもそれが語源です。地獄の「地」は最下底、「獄」は拘束。生きている一番奥底で人間を縛っているあり方です。

仏さまは、私たちに、人間はいつも根底に地獄という問題を抱えて生きている。だからその問いに気づいて、克服すべき課題として受けとめて生きるようにと、呼びかけてくださっています。

等活《とうかつ》地獄、焦熱《しょうねつ》地獄、叫喚《きょうかん》地獄…。いろいろですが、なかでも最も奥底の地獄、無間《むけん》地獄について述べてみましょう。阿鼻《あび》地獄とも言います。「阿鼻」は原語 avici（アヴィーチ）の音写で、「波がない、絶え間なく続く」（無間）という意味で、間断なく大変激しい苦しみを受け続けていくということです。

「我、今、帰する所無く、孤独にして同伴無し」（『往生要集』）。

これは、阿鼻地獄の火炎の中にスーッと堕ちていくなかで、今になってやっと、わが身の事実に気づいた時の言葉です。

孤独で同伴者がいない…。

日頃は気づかないのですが、人間は生存の一番奥底にこの問題を抱えて生きているのです。

なぜそうなのか。人間はそれを境遇のせいにします。そして境遇を恨みます。しかし実は境遇のせいではなく、その人自身に「帰する所」がないからなのだと教えてくださっているのです。

かつて釈尊《しゃくそん》の時代に、マガダ国の王家に、わが境遇を呪《のろ》い、王である父を殺してしまった阿闍世《アジャセ》という太子がいました。父親殺しをするとその罰として阿鼻地獄に堕ちて永遠に責め苦を受け続けることを彼は聞いており、大変に恐れます。しかし、遍歴の末、仏弟子ジーヴァカ（耆婆《ぎば》）の勧めによって釈尊の慈愛あふれるご説法に出会います。そこで彼は「我、今、仏をみたてまつる」と、今や仏である釈尊に初めて出会うことのできたわが身を感動をもって表明します。彼には帰する所、仏がずっと待っておられたのです。

さらに彼は、「自分は阿鼻地獄にあって永遠に苦悩を受けても、それを苦としない」と言い切るまでの人間に生まれ変わります。

地獄は、そのなかにあって帰すべき仏を見出すことによって、自身の存在を果たし遂げる道場となるのです。

仏ましませばこそ、生きられてあるのです。

㉖
善《ぜん》哉《ざい》

甘い小豆汁にお餅の入った一杯の善哉《ぜんざい》を二人で分け合い、苦楽を共に添いとげていく夫婦関係は〝夫婦《めおと》善哉〟と言われ、小説や歌の主題にもなっています。

もともとこの「善哉」も仏教語なのです。原語でsādhu（サードゥ）、「ゴールへ直結」、「ズバリそのとおり」が原意です。漢訳して「善哉」。文字どおり「善《よ》き哉《かな》」、「そのとおり。実によい、すばらしいことです」とほめ讃《たた》える言葉です。経典では釈尊《しゃくそん》が「ああ、あなたは解《わか》っているのですね。まことにそのとおりです」と感動をもってお弟子の発した問いに賛同し讃嘆するお言葉です。

またそれは真実に目覚めている仏さまのお言葉ですので、特に意義ある重要な場面で発せられていることに私たちは留意しなくてはなりません。

つまり、弟子の問いがまことに仏さまの意を得ており、智慧を開くものであり、さらに、それは一人の弟子のみならず全人類の救いにつながるという、大変な意義が開かれてくる問いだったのです。

『仏説無量寿経』のなかで、お弟子の阿難《あなん》が釈尊に、「仏さま、あなたは、いまだかつてなく輝き、威厳あるお顔をしておられます。なぜなのですか」と仏さまご自身がこの世にお出ましになった意義（「出世の大事」）を問うところがあります。

阿難は、他の仏弟子と異なって明晰な智慧を開くこともできず、わが身にまつわるさまざまな悩みを抱えており、割り切れなさを生きる者です。

その阿難がまさに自分自身の割り切れなき存在の奥底から問いを発す場面です。

釈尊は、その問いに対して、「善い哉、阿難。汝の問いは大変すばらしい」とおほめになります。

いまだかつてない問いであったからです。

続けて、阿難の問いに応えるかたちで、釈尊はこの世にお出ましになった意義を説かれます。

「私がこの世に出現したのは、群萌《ぐんもう》にお念仏の道を説き、真実の功徳を恵むためなのです」。

阿難の問いによって、現実の境遇に振り回されて生きるちっぽけな存在にお念仏が説かれ、人間にとって本当の救いとは何なのかが明らかになってくるのです。

阿難の問いが釈尊の説法を開いたのです。

この問いは一見個人的な問いですが、実は個人を超えて他者、しかも現在のみならず未来の人びとの歩む道をも問うていたのです。そこに凡小そのものであるにもかかわらず、阿難の発した問いの深さと大きさがあります。

世間では出した答えの正確さがほめられるのですが、釈尊は存在の奥底から発せられる問いの深さに共感して「善哉」とおほめになられたのです。

現実の割り切れなさを丁寧に受けとめるところから、思いもかけず大きな問いが生まれ、私たちに仏さまとの出会いが開かれてくるのです。

㉗ 世《せ》間《けん》

世間《せけん》…。本来は仏教語なのですが、これほど「世間」に浸透している言葉は無いかもしれません。

「世間は怖い。世間の目が気になる。世間体がある。渡る世間に鬼はなし。世間は広いようで狭い」など、枚挙《まいきょ》にいとまがありません。

このように、私たちが日頃「世間」という言葉を使う時には、人びとが生き合っている「場」と、同時にその場を生きている「人びと」という二重の意味があるように思われます。混然としていて特に意識するわけでもないのですが、一つの言葉で二つの領域が同時に意味されているようです。

実は仏教では一つの世間を「衆生世間《しゅじょうせけん》」と「器世間《きせけん》」の二世間として受けとめてきました。

衆生世間とは、つまり生きとし生けるものとしての世間です。自分、夫婦、家族、地域や世界中の人びと…などです。

また器世間とはその衆生を入れている器《うつわ》、つまり山河、大地を含めた生活領域、場を意味しているのです。そこにおいて生きとし生けるものが関係して生き合っているのですから相互関係としての場ということが言えます。

つまり世間という語は、私たちの生存は衆生と環境から成り立っていることを示しているのです。

言い換えれば、そこに息づいている衆生を抜きに世間はなく、同時に環境を無視して世間もありません。環境問題でもこの視点が欠かせません。

ところでこの「世間」の原語はloka（ローカ）で、「壊《こわ》れるもの」

が原意です。仏さまの目からすると世間は壊れるもの、当てにならないものなのです。

聖徳太子の説として「世間は虚仮《こけ》であり、唯《ただ》仏のみ真《まこと》である」という お言葉も伝わっています。

また親鸞聖人《しんらんしょうにん》の言葉にも、「煩悩具足《ぼんのうぐそく》の凡夫《ぼんぶ》（衆生）、火宅無常《かたくむじょう》の世界（器）は、よろずのこと、みなもって、そらごとたわごと、まことあることなきに、ただ念仏のみぞまことにておわします」（『歎異抄』・『真宗聖典』640〜641頁、（　）内筆者）とあります。

日頃、私たちは、いつも自分の思い（分別《ふんべつ》）の確かさを確信しています。真実よりも自分の固執した考えの間違いの無さを信じてしまい、わが身の事実をありのままに受けとめずに、思い描かれる自己と世界、つまり世間に生きようとします。

しかし悲しいかな、世間のなかには世間自体をまことの心で見通していく視点が見つかりません。だから、混乱ばかりなのです。そこでこの人間の抱える根本的な問題を悲しんでくださって、如来は私たちに世間を見通す視点を与えてくださったのです。それが、お念仏なのです。

念仏は世間を超えて世間にはたらきかける如来《にょらい》の呼び声。お念仏申すなかで身に染みて知らされる世間とは「煩悩具足の凡夫」「火宅無常の世界」、仏の光に照らされた世間の真実の姿なのです。

私たちは、この目覚めから、再度世間に挑戦して世間を生き通す歩みをたまわるのです。

㉘ 外《げ》道《どう》

その昔、釈尊《しゃくそん》の時代、インドのマガダ国、王舎城《おうしゃじょう》に阿闍世《アジャセ》という太子がいました。彼は父母に望まれずに生まれてきたという、自らの出生の秘密を知り、そのことを受け入れることができず、父を殺し母を宮中深くに幽閉したのでした。有名な王舎城の悲劇です。

当時、インドの伝統的な宗教にバラモン教がありました。その教えによると、父親殺しは無間地獄に堕ちるのです。阿闍世は恐れおののきます。

「罪は汚れとして身にずっと付着しているから清めの儀式を受けて罪を洗浄して地獄をまぬがれるがよい」。これがバラモンの説く救済です。

一方、その教えに否定的なグループも多くいました。彼らは、父親を殺してしまったことに苦悩する阿闍世に言います。

「悩むのをやめよ。眠りを好めばいよいよ眠りに沈むように、悩めば悩むほど泥沼にはまる。また、父親殺しは地獄に堕《お》ちるなどとバラモンは言っているが、実際に地獄に行って見てきた者がいるのか。いないではないか。地獄など存在しない。だから父を殺したからといって地獄を恐れることはない。人間は何をしてもいいのだ」。

この説は、バラモンの神を否定して人間の考えに基づいて問題を解釈、解決しようとする、いわば自由思想家のグループの一説であります。

この説には説得力があり、思わず追随してしまいそうです。

しかし阿闍世はこの説にも満足できません。なぜなら、人間の考えというのは一理あるのですがうわすべりで、わが身の奥深くの闇が取り残されたままなので、わが身自身が晴れないのです。

では、神にも依らず、人間の考えにも依らず、一体、人間は何に依るべきなのでしょうか。

「智慧に依るべき」。これが仏の道であり「内道《ないどう》」と言われました。人間の内面深くの闇を照らし出す仏の智慧に生きる道だからです。

それに対して、仏の智慧に依らず、神や人間の考えに依る生き方は「外道《げどう》」と呼ばれてきました。仏の智慧（内）に出会わず、人間の思い込み、外面（外）を基とする道だからです。

「知るべし、外道の所有《しょう》の三昧《さんまい》は、みな見愛我慢《けんあいがまん》の心を離れず、世間の名利恭敬《みょうりくぎょう》に貪着《とんじゃく》するがゆえなり、と」（『真宗聖典』388頁）。

外道のもつ宗教性は、いかに善なる姿に見えようとも、どれも我執を根本的に離れることがなく閉ざされている。なぜなら、世間の名声やそれに伴う利益や称讃に貪着し続けているからだ（筆者取意）。

親鸞聖人《しんらんしょうにん》は、外道に飼い慣らされて生きている私たちに外道の本質を教えてくださり、本当のわが身に立ち帰るよう願ってくださっているのです。

外道とは、仏道以外の道であったり、仏道を踏み外している者への批判であったりしますが、さらにいただいてみれば、私たち自身が我執を離れることができずに、いかに根深い思い込みを生きているか、その自覚を呼び起こす仏の言葉であると言えましょう。

㉙

極《ごく》楽《らく》

疲れた体を温泉にひたす。「お湯につかっている時が最高。ああ、極楽《ごくらく》、極楽」と独り言。しかし、いつまでもつかっているわけにはいきません。そこを出て現実生活に戻らねばなりません。

人はいつの世も幸せを求めます。求めても裏切られ、裏切られても探し求めます。幸せはどこにあるのか、これは私たちの永遠のテーマなのです。

仏はそれに応えて「極楽」をご説法くださっています。極楽の「極」は「きわみ、最高の」、「楽」は「幸せ、よろこび」。原語はsukhāvatī（スカーヴァティー）。sukhāは「幸せ」、vatīは「〜を有する、〜のあるところ」で、「幸《さち》あるところ」です。

阿弥陀仏の極楽世界を指し、私たちの煩悩《ぼんのう》の濁《にご》りを浄《きよ》めてくださるので極楽浄土とも言います。

さて、長い間人間が探し求めてきた本当の幸せ、極楽とは一体何であり、どこにあるのでしょうか。

まず、私たちの暮らしのなかでは、温泉につかって「ああ極楽だ。最高〜!」と外的な環境を感覚的に受けとめる幸せ感もあります。

またすばらしい芸術や思想などに出会って意識されてくる内面的な感動もあります。

しかし感覚的であれ意識的であれ、そのいずれも根底に自分の我執がはたらいていて、自分の思いを離れることはできず主観的なのです。

一方、極楽はそれとは質を異にして、仏陀の智慧に呼び覚まされ、主観的な思いを超えて気づかされてくる豊かな世界への感動であります。

釈尊《しゃくそん》は『仏説阿弥陀経』のなかで仏弟子舎利弗《しゃりほつ》に向かって次のように説法しておられます。

「苦しみ多きこの世の西方に、数限りない仏の国土を越え過ぎて、世界があります。極楽と名づけます。その国土には仏がおられ阿弥陀と名告《なの》り、今、現に在《まし》まして法を説いておられます。舎利弗よ、かの国を極楽と名づけるのは、その国に生きる衆生《しゅじょう》には苦はなく、ただ楽を受けているからです」（『真宗聖典』126頁、筆者取意）。

ここで、この苦難の世界を超えて、向こう側から、限りない智慧と慈悲の阿弥陀さまが、今、現に在して、私たちに寄り添い、説法くださっています。そのご説法に出会い、その御国に生きていく身になること、これが本当の幸せ、極楽であると教えてくださっているのです。どういうことなのでしょう。

思いどおりになることが幸せのすべてであると考えて、周りをも傷つけわが身をも傷つけていく私たち…。その私たちを悲しみ、阿弥陀さまの説法は休むことなく呼びかけておられるのです。

その呼びかけは智慧と慈悲。その呼びかけのなかに限りなく気づかされ育てられ、どこまでも共に成長していく世界。それこそがすべての人びとにとっての魂の故郷であり極楽であります。

本当の幸せは、境遇の幸せ以上の、共々に限りなく育てられ、生かされてある身の幸せであります。

㉚ 有《う》為《い》

日頃、「あの人は有為《ゆうい》の人材だね」という言葉を聞きます。「前《ぜん》途《と》有為《ゆうい》、前途有望」。才能があってこれから先、世のなかに役立つことを言います。そのように言われると嬉しくなってきます。

ところでこの有為は仏教語であって「うい」と読みます。有為《うい》の「有《う》」は「〜を有《ゆう》する」、「為《い》」は「為《な》す、行う」で、「造作《ぞうさ》」とも漢訳されています。原語はsaṃskṛta（サンスクリタ）で、「形成されたもの」という意味です。またその形成するはたらきを「行《ぎょう》」、saṃskāra（サンスカーラ）と言います。行とは、単にからだ、言葉、心の行為にとどまらず、その奥底に限りなく過去からはたらいている深層の領域《はたらき》をも意味します。思いも届かない混沌とした深みから、縁によって関係し合い、はたらき出して私たちの世界が「形成されている」のです。したがって、現に形成され立ち現れているこの現実は、今に始まったことでもなく、また創造神や運命という第三者的な力によって形成されたわけでもありません。

まことに、この世は深い因縁によると申すほかはありません。世界は織りなす因と縁によって形成された世界、すなわち有為の世界なのであります。

ところで、釈尊《しゃくそん》の時代に自らの出生を受けとめることができず、父を殺し母を宮中奥深くに閉じ込めた阿闍世《アジャセ》がいました。彼は身に瘡蓋《かさぶた》ができるほどの、身の置きどころのない悩みを生きます。

世の人びとはその阿闍世を嫌悪し無視します。

ところが仏陀《ブッダ》である釈尊は、この世にとどまり阿闍世を待ってくださっていたのです。

仏陀は阿闍世の現実に身を寄せて語ります。「我《わ》が言うところのごとし、阿闍世王の「為《ため》」に涅槃《ねはん》に入らず。（中略）また「為《い》」は、すなわちこれ一切有為《うい》の衆生《しゅじょう》なり」（『真宗聖典』259頁）。

さらに仏陀は、阿闍世に限らず一切有為の衆生の為に涅槃に入らずと宣言されます。すべての衆生はもらさず「有為の衆生よ」と仏陀に呼びかけられ、待たれてある存在であったのです。「なぜこの世に、この父母のもとに生まれ、それゆえに苦しまなくてはならないのか」。

阿闍世の絶望的な呻《うめ》き。それは意識の奥底にはたらく根深《ねぶか》き業《ごう》ゆえでありますが、また業ゆえに阿闍世には気づきようもありません。いろいろと解決方法を探しますが心底納得できる回答を得ることはできません。救いの手だてはいかに自分の内面を探し回っても見つからないのです。

そこに仏陀との出会いの大切さがあります。

阿闍世は仏陀に待たれ照らされ、初めてわが身に気づくことができたのです。まことに、わが身は因縁によって形成されたものだったのです。

有為の衆生とは、単に迷える者ということにとどまらず、慈悲深い仏陀に悲しまれ気づかされ願われてある、この因縁深きわが身自身なのです。

㉛

縁《えん》起《ぎ》

「あっ、お茶碗に茶柱が立っている。縁起《えんぎ》がいいな」。「まあ、あなた縁起をかつぐのですね」。私たちは吉凶禍福の前兆にふれて縁起が良いとか悪いとか申します。「袖振り合うも多生の縁」。ふと袖がふれ合っただけの二人の出会い…、それはいくどなく生を重ねし果ての深い縁《えにし》。「このお寺の縁起は室町時代にさかのぼります」などはお寺の由来や歴史を意味します。

このように縁起という言葉は歴史的にもいろいろな意味合いで使われてまいりました。

ここで本来の意味に立ち帰ってみましょう。人間の物の考え方、思想、宗教にとって革命的な言葉であることが知らされてまいります。

「縁起」の原語は pratītya-samutpāda（プラティートヤ・サ

ムウトパーダ）で、pratityaは「〜に縁《よ》って、〜に依存して」、samutpādaは「共に生起《しょうき》していること」です。つまり縁起とは、物事がさまざまな事柄、はたらきを「縁」として共に関係し合いながら「起」こっている事実を意味します。

たとえば芽が出る時、芽は種を因として出ると考えますが、実は水や太陽の光などを縁としなくては芽は生じません。またそこには光や水にとどまらず、限りなく織りなす背景があります。

あらゆる物事は単独で存在しているのではないのです。関係し合いながら変化し合いながら成立している相補的な関係体なのです。

釈尊《しゃくそん》はこの縁起に目覚めた方で、「縁起を見るものは法を見る」、縁起とはすべての衆生《しゅじょう》が目覚めなくてはならない大切な法（道《どう》理《り》）であるとご説法くださっておられます。

私たちは日頃、自分と周りとの関係を切り離して、自分を実体視し固定的に受けとめています。ずっと自分のことばかりを考えています。

また、たとえば「私ってダメ。だってお金がないんだもん」など、お金がすべてではないのですが、お金が第一の価値であると実体的に思ってしまい自分はダメだと決め込んでしまいます。

さらに、他と切り離された自分や、決め込んだ価値が永久に不滅であることを願い続けます。

そのように私たちの考え方は、いつも実体的な考えを基本にしています。神や運命、差別や排除などもその考え方に基づいているのです。

しかし縁起は、すべては関係としてあるという事実を語る道理ですので、その道理が知らされる時、実体的な考えは根拠なきものとなります。

そこではいかなる独断もエゴイズムも虚無主義も成り立ちません。人生は決められないし、決め込む必要もありません。定義づけられないし、意義づける必要もありません。人生は人間の勝手な解釈にはまるものではなく、本来私たちの思いを超えて限りなく広く深く、そして豊かなのです。

私たちはまことにちっぽけな存在でありますが、はからずも、皆平等に、大いなる豊かな関係体として、今、ここにこうして生きているのです。

㉜ 迷《めい》惑《わく》

「彼はいつも私のことを有ること無いこと人にしゃべるんだ。本当に迷惑《めいわく》しているんだ」。

「そうか。そりゃ迷惑だよね」。

日頃、私たちはいつも他人に対して「迷惑だ、迷惑だ」と言い続けています。

また、「他人様にご迷惑だけはかけないようにね」と親は子どもを諭《さと》します。

このように、迷惑とは、他人のしたことや他人の問題のために困ってしまい、煩《わずら》わしく嫌な思いをすることを意味しています。

また、古くは「民は迷惑して禍患《かかん》（災難）に陥《おちい》る」などとあるように、どうしてよいか解《わか》らず先が見えない、という意味に使われていました。

実は、この言葉はもともと仏教語なのです。

仏教語の迷惑は、自らの内面の姿を指し示し、人間的な自覚を呼び起こす言葉なのです。

迷惑の「迷」は原語はbhrānti（ブラーンティ）で迷乱。物事の真実に迷い、誤った考えに執着し混乱すること。「惑」はkleśa（クレーシャ）で苦悩、内的な汚染。自分の内なる妨《さまた》げで煩悩《ぼんのう》の異名。したがって迷惑とは、内なる迷乱に自らが染まって道に惑《まど》うことを意味します。

「愚痴《ぐち》迷惑して邪《じゃ》を信じ、倒《とう》見してついに横死《おうし》せしめ、地獄《じごく》に入りて出期《しゅつご》あることなけん」（『真宗聖典』386〜387頁）。

自らの愚痴のために迷惑して、邪道を信じてしまい、考え方がひっくり返って、ついには非業な死をとげ地獄に堕ちて出口がなくなってしまう。生の行きづまりとその原因が語られています。

普通、人は行きづまりの原因をいろんなものや人の〝せい〟にして納得しようとします。しかし納得したようで納得できないのが、行きづまりなのです。人生の壁です。悩んでしまいます。

悩むのは大切なことなのですが、悩みをとおして壁の正体に気づかなくてはなりません。気づかなかったら、壁をわが無能のせいにして自らを軽蔑《けいべつ》し、境遇《きょうぐう》のせいにして放り出し、人間関係のせいにして他者を排除したりします。いつも一方的に何かの、誰かのせいにしてばかりです。また、悪魔や背後霊などというもののせいにして、占いや妖《あや》しい教えをたよって混乱します。まさに現代の病巣であります。

仏教では、その「せいにすること」が、日頃気づきもしない「愚痴による迷惑」のゆえなのだと指摘し、それに気づくよう教えているのです。

自分の考えのみを間違いなしと信じ、解っているつもりになっている愚痴。そのために出来事の原因を一方的に決め込んで、〃せい〃にして壁を作り自らを偽《いつわ》り惑う迷惑。この愚痴による迷惑こそが私を妨げている壁の正体だったのです。

親鸞聖人《しんらんしょうにん》は「悲しきかな、愚禿鸞《ぐとくらん》、(中略)名利《みょうり》の太山《たいせん》に迷惑して(中略)恥《は》ずべし、傷《いた》むべし」(同前251頁)と悲嘆され、迷惑して生きるわが身の事実に立ち帰り、それを悲しみ傷み、いよいよ人生の壁を乗り越えていかれたのです。

㉝

四《し》苦《く》八《はっ》苦《く》

四苦八苦《しくはっく》。「私の一生はずっと四苦八苦の連続でした」「商売を立て直そうとして資金繰りに四苦八苦してまいりました」など、事がうまく運ばずに大変な苦労の連続で、いろんな苦しみを味わってきた、などの意味で使われます。

お釈迦さまの説かれた仏教の根本を語る言葉の一つに「一切皆苦《いっさいかいく》」があります。人生のすべては苦であるという事実を教える真理《しんり》です。

その苦の内容が四苦八苦で説明されます。

四苦はまず「生苦《しょうく》」。生まれたという事実そのものがすでに苦であり、人はこの世に生まれ、時代、環境、自分自身など選びようもない境遇《きょうぐう》に不本意にも投げ出されて出発します。

つぎに「老苦」。生きていればみな老いを迎えます。足腰が不自由になり寝たきりになり、思うにまかせません。精神的にも若さを失っていきます。

つぎに「病苦」。みんな病を患《わずら》います。またいずれは何らかの病で人生を終えていきます。

つぎに「死苦」。生きているものはみな死に至ります。死は人生のすべてを無にしてしまうという不安にかられます。

以上の四つの苦しみを「四苦」と言います。誰も避けてとおれない生存の苦しみです。

さらに、「愛別離苦《あいべつりく》」（愛する者と別離していく苦）、「怨憎会苦《おんぞうえく》」（怨《うら》み憎しみ多い者とかかわって生きる苦）、「求不得苦《ぐふとくく》」（求めても求めても欲しいものが得られないという苦）、「五蘊盛苦《ごうんじょうく》」（身も心も休むことなく欲望に駆り立てられるという苦）。これらは避けることのできない精神的な苦しみです。以上あわせて八苦と言います。

そこで人はそのような苦悩の現実を嫌って、その対極である「若さ」「健康」「生」を求め、それが幸せだと考えます。「健康で長生き、そして死ぬ時は周りに迷惑をかけずにコトンと逝くこと」が思い描く幸せの結論になるのです。

さらに「いつまでも愛する人と共に」「いやな人間は寄せつけず」「どこまでも求め続け」「限りなく生への欲望をつのらせ」ていきます。

この、幸せになるためには苦を排除していけばいいという幸福観は、実は苦の現実から目をそむける妄想であり、あらゆる営みを空虚な気晴らしにしてしまいます。ここに人生は気晴らしであるという虚無主義が広がってくるのです。現代の虚無主義もこの問題と別ではありません。

「すべては苦である」という真理は、人生を生きるに値しない無意味なものとして否定しているように見えますが、決してそうではないのです。

逆に人生において荷うべき、克服すべき根本的課題を教えてくださっているのであり、それを手だてに、いよいよ出会うべき如《にょ》来《らい》の本願《ほんがん》を私たちに開いてくださっているのです。

四苦八苦の苦悩こそが浄土という未来を開く扉であり、人生の道しるべとして生きられるのです。

苦悩は意味あるものとして輝きます。

㉞

煩《ぼん》悩《のう》

大晦日の夜、寺院では梵鐘《ぼんしょう》が百八回撞《つ》かれます。世間一般では百八の煩悩《ぼんのう》が除かれると言われる除夜《じょや》の鐘《かね》です。

また、健康に悪いと言われてもタバコを止めず、「これも煩悩ですかね」と笑ってケロッとしている人もいます。まるで居直っているようです。

煩悩の原語は kleśa（クレーシャ）で「苦悩」、「汚れ」。身を煩《わずら》わせ心を悩ますということで煩悩と漢訳されています。仏さまの智慧に目覚めることを妨げてしまう障碍《しょうがい》です。

目覚めを妨げている原因が煩悩ですので、ありきたりの考えでは、煩悩を無くしていけばいい、それが修行であると考えてしまいます。原因に気づいてそれを除去すれば問題は解決すると私たちは習慣的にすでに思っているからです。ところが、煩悩は一生涯この身につきまとっていて無くなることはありません。そこで、無くすにはわが身の消滅、死を待つしかないことになります。

しかしそれでは、今この身を生きる私たちには縁遠い話になってしまい、煩悩は意味を開きません。

では一体、煩悩とは本来何であり、私たちにとっていかなる意味を開くのでしょうか。

親鸞聖人《しんらんしょうにん》は煩悩をわが身のこととして丁寧に受けとめ、釈尊《しゃくそん》の願いに回帰《かいき》されています。

人間は自分を大切に生きたいと願いながら、生活に振り回されたあげく、人生を捨てて終ろうとします。そのように、わが身を縛り人間として生きる道を閉ざしているものは何なのか。源信僧都《げんしんそうず》のお言葉にそれを尋ねておられます。

「煩悩にまなこさえられて／摂取《せっしゅ》の光明みざれども／大悲《だいひ》もののうきことなくて／つねにわが身をてらすなり」（『高僧和讃』・『真宗聖典』497〜498頁）。

照らしてくださる如来《にょらい》の光明への讃嘆《さんだん》と、照らされて知らされるわが身の姿への懺悔《さんげ》です。

私たちは日頃、躓《つまず》きの原因をわが煩悩のゆえであるなどとは思っていません。境遇《きょうぐう》の悪さや能力の無さなどのせいにして人生を結論づけます。

ところが実はそのようなあり方を如来は深く悲しまれ、「煩悩具足《ぐそく》の凡夫《ぼんぶ》よ」（身体《からだ》全体が煩悩に染まって生きている者よ）と呼びかけておられるのです。何かのせいにして生きるしかない私たち。その事実を悲しく見つめ呼びかけておられる大悲の深さ。

そのお心に出会う時、煩悩の身の事実に気づかされます。すべてを自分の都合に取り込む貪《むさぼ》りの心、思いどおりにならなければ自暴自棄になる怒りの心、その根には、如来の呼びかけに鈍感であるわが身が知らされてくるのです。

煩悩具足の身とは、わが身をどうしようもないと否定する言葉ではありません。逆に、それは限りなく如来のお心を受け入れていく器であり、いよいよ如来のお心の真実《まこと》が知らされて、どこまでも育てられて生きるわが身を喜ぶのであります。

さわり多き煩悩具足の身に如来のお心が響いてきます。

35

流《る》転《てん》

『流転《るてん》の王妃』という小説があります。主人公は愛新覚羅《あいしんかくら》浩《ひろ》さんです。侯爵《こうしゃく》家に生まれ国策とはいえ、当時の満州国皇帝の弟さんと結婚して大陸に渡り、さまざまな辛い出来事に翻弄されても、なお生き通された一生を小説にしたものです。

流転に流転を重ねたご生涯でした。あたかも風や波にもてあそばれる小舟や浮き草のように、その時々の状況にもみくちゃにされながらも、境遇を丁寧に生き延びてこられたご生涯でした。

私たちの人生も、川の流れに身をまかせ流れ流れて彷徨《さまよ》います。どこに帰ればいいのでしょう。

ところで、この「流転」という言葉は仏教語で、地獄、餓鬼《がき》、畜生《ちくしょう》、修羅《しゅら》、人《にん》、天の六道《ろくどう》という迷いの世界を、生まれ変わり死に変わり、果てしなく繰り返す、生きとし生けるものの生存のあり方を言います。輪廻《りんね》とも言い、流転輪廻、生死《しょうじ》流転などと言います。

曇鸞《どんらん》大師はこの流転の姿を、無内容でからっぽで（虚偽《こぎ》の相）、あてどなく繰り返して（輪転《りんでん》の相）、どこまでも終わり無きありさま（無窮《むぐう》の相）であると押さえられ、それはちょうどシャクトリ虫が瓶《びん》や壺の口の縁《ふち》をエッチラ、オッチラ、同じ所をグルグルといつまでも這《は》い続けるようなものだと喩《たと》えておられます（『浄土論註』）。

私たちの人生は一面、終わりのない日常を送り、その無意味さゆえに悲鳴をあげ、最後は絶叫で終わりそうです。

しかし、大師はさらに続けて、カイコがほかでもなく自らの吐いた糸によって繭《まゆ》を作って、その自分の作った狭い繭の世界がすべてであると思い込んでいるようなもの、という喩えを出されます。

無意味さに悲鳴をあげてしまうのは、運命や境遇のせいではなく、実は自分自身の造り続けてきた業《ごう》によってのことなのだと押さえられます。

さらにその本質を、「長く大夢に寝て悕出《けしゅつ》を知ることなし」と指摘します。人間は大変な思い込みにずっと眠りこんでいて、その閉ざされた世界を出ようなどと願ったこと（悕出）もないと語ります。

人間は、「結局何も無いんでしょ。もう、どうでもいいのです」と決め込んで、人間として問わなくてはならない最も大切な課題を放棄して居直ってしまっていると指摘されるのです。

しかし実は、有り難いことに、流転する私たちを深く悲しみ、じっと見ていてくださり、浄土に生まれさせずにはおれないと願ってくださっている阿弥陀《あみだ》さまの大悲《だいひ》のお心が、この私にはたらいている事実を、大師は語りかけてやみません。

人生は出会いであります。

流転の事実を前にして、絶望だといって人生を締めくくるわけにはいきません。逆にその事実を丁寧に受けとめて、阿弥陀さまにたすけられていく道に出会い、生きよ、と勧めておられます。

流転の人生は単に人生の無意味さを語るのではなく、それを超えて生きる道が浄土往生《おうじょう》の道として開かれてあることを指し示しているのです。

㊱ 意《い》地《じ》

「山路を登りながら、こう考えた。

智に働けば角が立つ。情に棹《さお》させば流される。意地《いじ》を通せば窮《きゅう》屈《くつ》だ。とかく人の世は住みにくい」。

ご存知、夏目漱石『草枕』の冒頭部分の一節です。何ごとにつけても意地を通すと、人間関係がギスギスしてしまい、その場所に居づらくなってしまいます。まことに人の世の姿です。

ああ、あんなに意地を通さなくてもよかったのにと後で気づいても、根っから意地っ張りの自分は、なかなか気づきません。

逆に他人の意地の悪さには、すぐに気づいてしまいます。どうも、意地の張り合いばかりしていて、本当に何が大切なのか解《わか》らなくなってしまうことも多いようです。

さて、この「意地」という言葉は、すっかり日常に溶け込んでいますが、もともとは仏教語なのです。

意地の「意」の原語はmanas（マナス）で、考えたり、判断したりする心のはたらきを意味します。たとえば、田中さんという人が私の眼にとまりますと、見えてきたその人のイメージをとらえて「彼は田中さんだ」と考え、判断します。

また、目にとまる（眼識《げんしき》）以外にも、聞こえたり（耳識《にしき》）、臭ったり（鼻識《びしき》）、味わったり（舌識《ぜつしき》）、触れたり（身識《しんしき》）して感覚されたものを、さらにそれぞれのイメージとして取り込み、判断して、あれこれと思う心が起こってきます。

「う〜ん。いい匂いだ。あれは白檀香《びゃくだんこう》だな。誰が取り寄せたのだろう。高価だったろうな」などです。それが意であり、意識とも言われます。

このように、意はあれこれと思い巡らす心のはたらきですので、「思量《しりょう》」とも漢訳されています。

つぎに、意地の「地」の原語はbhūmi（ブーミ）で、地面、大地を意味し、すべてのものを受けとめて生み出すはたらきをいいます。

私たちは見たり、聞いたり、あれこれと体験したことを受けとめて思いを巡らせながら生きています。実はそれが私たち一人ひとりの在りようを決めているのです。

意地とは、意を大地とするという意味です。つまり、意、すなわち思い巡らすことが大地となって、さまざまの体験を受けとめて、独自な個人というものが内容づけられ成立するのです。意地とは個人性を生み出す本《もと》とも言えましょう。

しかしそれにとどまりません。

なぜ人間はいろいろと意をはたらかせ、思いを巡らせているのに、お互いに対立するのでしょうか。一生懸命考えているのですが、出会うことができないのは一体なぜなのでしょうか。

その問いに光が当たった時、意地の奥に潜んでいる自我意識に気づかされてくるのです。

意地を通すのは、意地の奥に潜む気づきもしなかった自我意識ゆえのことであったのです。純粋に考えることが至難である理由はそこにあります。

㊲

三《さん》昧《まい》

毎日、あれこれの処理に振り回され、クタクタ。気づいてみたら年だけは取っています。まるで何かの処理をするために生まれてきたかのようであり、不安でどうも落ち着きません。

ふと、子どもの頃が思い出されます。あの頃は時の経つのも忘れて遊びに熱中していました。

しかし、あの頃に帰ることはできません。とはいえ、何かに熱中したいのです。

そんななか、日頃「三昧《さんまい》」という言葉がよく使われているのに気づきます。仕事三昧、道楽三昧、釣り三昧、学び三昧…。数え切れません。

ここで三昧とは、耽《ふけ》る、物事に熱中して、その物事だけを行うことを意味します。

しかし、夢中になっていっても、いつしかそれも思うままにならず、また飽きてしまいます。

どうも、私たちは、何か大切なことを置き忘れたままでこの世に生を受け、そのままずっと今まで生きてきたのではないかと思われます。しかも何を置き忘れてきたのか解《わか》らないのです。

本当に思い起こさなくてはならないことを顕《あきら》かにしなくてはなりません。そこに三昧というテーマが仏教に出てくる意味があるのです。

「三昧」とはsamādhi（サマーディ）という原語を音写したもので、「いっしょにする、結合する、調和に導く」、さらには「ある対象を凝視する」「瞑想《めいそう》する」などが原意です。漢訳では「定《じょう》」と言います。心を静かに、出会うべき真理に統一して安定させ、正しく物事を見ることを言います。

これは仏さまの智慧の領域のことであり、出会いに応じて数多くの三昧が語られています。そのなかで特に、仏の仏たる根本の三昧を普等《ふとう》三昧と申します。これは、仏さまがどのような衆生《しゅじょう》をも普《あまね》く分け隔てなく仏として発見し、平等に出会える世界を見出す三昧を言います。仏はこの三昧に身を置いて、すべての衆生をあたかも一子のように憐《あわ》れみ念じてくださっているのです。

しかし、心乱れる私たちは、自分の力でそのような三昧に入ることはできません。

では、三昧とは私たちにとって何であり何を意味するのでしょうか。

「一一の光明遍《あまね》く十方世界を照らす。念仏の衆生を摂取して捨《す》てたまわず。（中略）この事を見れば、すなわち十方一切の諸仏を見たてまつる。諸仏を見たてまつるをもってのゆえに「念仏三《ねんぶつさん》昧《まい》」と名づく」（『仏説観無量寿経』・『真宗聖典』１０５頁）とあります。

諸仏とはいかなる世界においても私たちを念じ、平等に呼びかけてくださっている仏さまであります。その諸仏のお心に私たちが目覚める時、その私に仏を念じる心が開かれてきます。

諸仏のお心に出会って生きる身になること、これが念仏三昧であり、生活のなかでお念仏が身についてくることと申せましょう。私たちがずっと置き忘れていた人生で最も大切なことであります。

㊳ 世《せ》界《かい》

1970年前後に、二人だけの愛の世界を大変軽やかに歌い上げた歌、「世界は二人のために」を覚えておられる方も多いかと思います。

「愛　あなたと二人」で始まり、「二人のため　世界はあるの」のフレーズがくり返されていました。二人の世界、それは愛、花、恋、夢で一杯。しかもただ二人のためにだけあるというのです。

そしてその歌に象徴される風潮のなかで大阪万博が開催され日本中が浮かれ、その後経済は爛熟《らんじゅく》、90年代初頭にバブルの崩壊を迎えました。経済成長というただ一つの世界を目指した結果であったのです。

あの時、「世界は二人のために」ではなく「二人は世界のために」と叫んだ若者もいました。

両者の「世界」の意味がまったく異なっていました。前者は世界はただ二人のためにあるというエゴイズムであり、後者は世界のために二人はあるという理想主義的な思い込みでした。しかし不審な気持ちをいだいた人も多く、本当に生きるべき世界とは何なのか尋ねずにはおれませんでした。

さて、「世界」という言葉はもともと仏教語で、原語はloka-dhātu（ローカ・ダーツ）。世界の「世」はlokaで、月日の照らす領域、広がりを持った空間、場所。一方「界」はdhātuで、構成要素、成分、地層のこと。総じて世界とは、衆生《しゅじょう》や仏が身を置く活動領域を意味します。

「これより西方《さいほう》に、十万億《じゅうまんおく》の仏土《ぶつど》を過ぎて、世界あり、名づけて極楽《ごくらく》と曰《い》う。その土に仏まします、阿弥陀《あみだ》と号す。いま現にましまして法を説きたまう」（『仏説阿弥陀経』・『真宗聖典』126頁）。

「十方無量不可思議の諸仏世界の衆生の類《るい》、我《わ》が光明《こうみょう》を蒙《こうぶ》りて」（『仏説無量寿経』・同前21頁）。

人びとは人それぞれの世界を生き（衆生世界）、それに応じて限りなく諸仏が活動してくださっており（諸仏世界）、さらにその根底には、諸仏を超えて諸仏の活動を呼び起こしておられる本《ほん》願《がん》の世界（極楽世界）が今現にはたらいてくださっているのです。

世界とは唯一の神や理想により一方的に創造され秩序づけられた唯一世界ではなく、限りなく豊かに生き生きとはたらきあう関係世界なのです。

人間の救いは共に救われることです。そのためには、すべてが共に唯一の世界に統一されねばならないと思ってしまいがちですが、人間世界の多様性は否定されます。「みんなこの指止まれ」では、止まれない者は排除されるからです。そうではなく、いかなる衆生であっても、限りない諸仏の世界に出会い、そこにご教化くださる諸仏のましますことを知って、それをとおして、久遠《くおん》の昔よりみそなわし悲しみ、願い続けてくださっている阿弥陀の本願のありがたさに頭が下がるのです。

このちっぽけな私たちは、はからずも、限りなく織りなす大いなる世界に育まれて、今ここに、こうして生きているのです。

39

平《びょう》等《どう》

人間は「生まれによってバラモンとなるのではない。（中略）行為によってバラモンともなる」（岩波文庫『ブッダのことば』136）。

これはお釈迦さまの有名なお言葉です。

当時、インドは四姓制度という差別による社会構造ができていました。生まれによって生存が差別され固定化されていたのです。実際は根拠がないにもかかわらず、血筋や家柄によって人間がランクづけられていたのです。そのような縛られた社会にあって、差別の現実に根本的に異義をとなえ、人間のみならず生きとし生けるものの平等を説かれたのが、お釈迦さまです。人間の尊さは生まれによるのではなく、その人の行為、つまり生き方によると語り、四姓の平等を説かれました。

さて、この「平等」という言葉はもともと仏教語であり、原語はsāmānya（サーマーヌヤ）です。「誰に対しても同様で、共通であること」を意味します。たとえば水は上から下へ流れる、この道理はすべての人に共通であり平等です。そのように、仏法という道理は、いかなる存在にも等しくはたらいていて平等であり、その道理の前では、人間を世間の価値で色分けすることがいかに愚かなことであるかが、教えられてくるのです。

「平等の道を名づけて正道とする所以《ゆえ》は、平等はこれ諸法の体相なり」（『浄土論註』・『真宗聖典』３１４～３１５頁）。

ここで、生きるべき道が尋ねられてまいります。

なぜ平等の道こそが人間の歩むべき正しい道なのでしょうか。

人間の歩むべき正しい道（正道）は平等の道である。なぜなら平等こそが物事の根本的な本質（諸法の体相）であるからである。

たとえその人が悪人であるにせよ、すべての人びとを平等に出会わせてこそ正しい道ということができる。その道に立てば、人間は何ら道理に背くことなく、すべての人びとと平等に出会うことができる…。

「大慈悲はこれ仏道の正因なるがゆえに、「正道大慈悲」と言《のたま》えり」(同前315頁)。

大切なことは、その平等の道に立てば、その根本(正因)に如《にょ》来《らい》の大慈悲が仰がれてくるのです。それゆえに平等の道は尊いのです。

さて、私たちは戦後民主主義によって平等の大切さを学んでまいりました。その平等観の基礎は万人共通の「人類普遍の原理」(日本国憲法 前文)によるのだと述べられています。

おそらくその背景には、悲惨な戦争をかいくぐってきた人類の悲しみの深さがあるに違いありません。しかも、それは人間の理性によってしても到底受けとめることの出来ない深さでありま す。

正道に出会い、道の根本に如来の大慈悲が仰がれる時、私たちの理性が照らされ悲しまれ、正義を語りながら、いかにわが都合でしか生きていないか、わが身の悲しみが知らされてきます。

わが身の傲慢《ごうまん》さの凝視《ぎょうし》こそが人類の平等を開く原点であり、そこに真に「尊き道を歩む者」の誕生が願われているのです。

40

自《じ》業《ごう》自《じ》得《とく》

「あーあ、僕はどうしていつもこうなんだ。ダメだなー、失敗ばかりして」。

「自業自得でしょ。あなたが自分で蒔《ま》いた種。その結果は自分で刈り取るしかないでしょ」。

よく言われたものです。

しかし、その種とは何なのか、いつ蒔いたのか、しかも、この自分が意図して蒔いたなど少しも思えないのです。だから「自業自得でしょ」と言われても納得できず、思わず誰かのせいにしたくなってしまいます。また、その一言で今の自分が決められてしまっているようで、暗くなります。

しかし、自業自得とはもともと人を暗くしてしまう言葉なのでしょうか。考えてみましょう。

自業は自らの業。自得はその結果は自分が受け取ることです。もちろん仏教語です。

ところで、「業」の原語はkarma（カルマ）で、行為を意味します。私たちは、身を動かし（身業《しんごう》）、言葉を発し（口業《くごう》）、あれこれと考えて（意業《いごう》）日常を生きています。つまり生きることのすべてが行為によって成立しているのです。今の自分はこれまでの体験の集積といえましょう。

したがって、「あぁー、自分が悪いことをしたからこんなことになってしまったのだ」と、自分の不始末は結局自分のこれまでの行いのせいだと決め込んで受け取ってしまいます。つまり一応反省はします。しかし、わが存在が晴れません。やはり暗くなってしまいます。自分のこれまでの業に縛られているように思われるからです。

しかし、人間の根本的願いはその業の束縛からの自由、決め込まれてしまう自分からの自由です。

仏教の歴史的な課題もそこにあったのです。

仏教で明らかにされる業の業たる意義は、意識にのぼる表層的な業（表業《ひょうごう》）のみならず、その奥底にずっとはたらき続けている意識下の深層の業（無表業《むひょうごう》）にあります。深層の業はいかに反省しても日頃の心では気づきません。だから納得できず暗くなってしまうのです。

そこに、仏の教えに出会う大切さがあります。

「自力諸善《じりきしょぜん》のひとはみな／仏智《ぶっち》の不思議をうたがえば／自業《じごう》自得の道理にて／七宝《しっぽう》の獄《ごく》にぞいりにける」（『正像末和讃』・『真宗聖典』

506頁)。

自分を過信するひとは、仏の智慧を疑い、広大なお育てをまったく受け容れていないので（自業）、孤独の牢獄に苦しんでいるのです（自得）。これこそが自業自得の道理なのです、と如来《にょらい》は呼びかけてくださっています。したがってその呼びかけにわが身の深層が呼び覚まされる時、その道理に納得してわが境遇《きょうぐう》を生きる身になるのです。

自業自得とは、反省を要求するような狭い言葉ではなく、より深く、仏のお育てに鈍感であるわが身に気づき、その必然の道理のままに、おおらかにわが境遇を引き受けて生きる智慧なのです。

㊶

一《いち》味《み》

ります。

一味《いちみ》唐辛子をかけてうどんを食べると、ピリッと味が引き締まります。

またこの「一味」という言葉は、窃盗団の一味とか、あの一味には加わりたくないなど、同志、仲間さらには派閥といった意味にまで使われます。そこには閉鎖的な集団の意味合いが感じられます。

しかし、「一味」とはもともと仏教語で、原語はeka-rasa（エーカ・ラサ）。ekaは「一つ」、rasaは「味、風味」を言い、「この水は甘い、あの水は苦い…」といったぐあいに、甘い味、苦い味など、水や液体の味わいの違いを表す言葉です。

それで一味とは、そういった違いや区別のない一つの味わいを言い、平等を意味します。

釈尊《しゃくそん》は、ガンジス川、ヤムナ川など、川はそれぞれ水源も違い、水質も違うけれど、大海に流入すれば一つの塩味（一味）になるという喩《たと》えをお出しになり、いかなる人間であれ、ひとたび仏の教えに出会えば、身分や階級、性別、能力などの違いを超えて平等な仏弟子の関係を生きる身になると語りかけておられます。

それを一味平等の僧伽《サンガ》（僧、同朋《どうぼう》、あつまり）と言います。そこに私たちが生きるべき本来の関係が願われているのです。

さらに親鸞聖人《しんらんしょうにん》はその課題を受けて、「凡聖《ぼんしょう》逆謗《ぎゃくほう》斉《さい》回《え》入《にゅう》（ひとしく回入すれば、衆水、海に入りて一味なるがごとし）」（「正信偈」・『真宗聖典』２０４頁）とお示しくださっています。

凡夫であれ聖者であれ、五逆罪や謗法罪を犯す者であれ、お念仏の呼びかけに出会い、回心して、本願《ほんがん》の世界に呼び戻されて生きる時、ちょうどいろんな川の水が海に入って一つの味になるように、とも同朋として平等にうなずき合う一味の関係を生きる身を賜ると、教えてくださっています。

私たちは日頃、「あなたは、わかっていない」「いや、そういうあなたこそ、わかっていない」「あの人がわかってくれさえすればいいのに」と言い続け、わかったような顔をして生きています。関係のねじれは解《と》けようもありません。

そこでは、「みんな一緒に仲良く生きましょう」というステキな言葉も空しく響きます。

言葉が通じないのです。つながらないのです。

しかしその私たちを深く悲しんでくださって、「どうかお念仏を申す身になってください」と如来《にょらい》さまは呼びかけてくださっています。

その呼びかけのなかに身を置く時、私たちは、わかっているつもりで決め込んでいたわが身が照らされて、実は何もわかっていなかったという愚者の身の事実に気づかされます。

凡夫も聖者も罪人も、ともどもに教えの前に身を置き愚者に帰り続ける…。そこに、わがかたくなさが破られて、言葉の通じる世界が回復してきます。一味の世界なのです。

42

愚《ぐ》痴《ち》

「あぁー。もう先が見えた。俺の人生はもう決まった。こんなはずじゃなかったのに。まっ暗だ。もうどうでもいい」。ある受験生の呻《うめ》きです。

「みんな解《わか》っていないんだ。最低だよ、最低。どいつもこいつも、何だ」。

どうも、思いどおりにならない自分の結果に対してくどくどと愚痴《ぐち》を言って当たり散らしています。そこで、それにつき合った人が「そりゃ、あなたの準備が足りなかったからだよ」とその原因の一つでも言おうものなら、「あんたに何が解る。関係ねえ」と返されて、混乱が増していきます。

またある人が、「この人はいつも愚痴ばかり言って困ったものだ」と、彼の愚痴った結果に対してつぶやけば、またそれも愚痴になります。愚痴に介入すれば混乱しか残らないのです。

このように、日頃愚痴は結果に対して言います。どうも、心が晴れません。

ところで「愚痴」とはもともと仏教語なのです。

本来は結果に対していう言葉ではありません。

「愚痴」とは、原語はmoha（モーハ）で無知を意味し、出来事や道理に暗く迷い惑うことです。つまり混乱の根をたどってみれば、実はその人の内面に隠されていて気づかずにはたらいている無知によるのです。結果に対して言うのではなく、原因を教えてくださる仏の覚《さと》りの言葉なのです。

日頃私たちは混乱した結果を見て愚痴を言いますが、なぜそうなのか、原因は解らないのです。それで思いつくままにいろんなことのせいにして、本当のことは何も解らないままに混乱し、空《むな》しく流転《るてん》して終わってしまいます。人間の考えはそれ以上を出ません。まことに悲しい限りです。

しかし、その悲しみに気づいて人生を乗り越えて生きていかれた方々が多くおられました。

「我等《われら》愚痴《ぐち》の身、曠劫《こうごう》よりこのかた流転《るてん》せり。今、釈迦仏《しゃかぶつ》の、末法《まっぽう》の遺跡《ゆいしゃく》、弥陀《みだ》の本誓願《ほんぜいがん》、極楽《ごくらく》の要門《ようもん》に逢《あ》えり」（「帰三宝偈」）。

私たちは愚痴の身であった（原因）。そのために果てしない過去からずっと流転してきたのだった（結果）。ところが今、釈迦仏の末法の教え、弥陀の誓願、極楽に往生《おうじょう》する門に会うことができた。まことに有り難いことだ（筆者取意）。

流転を重ねてきたのはわが身の愚痴ゆえであったのだという事

実に目覚めた時、彼方《かなた》よりそのわが身を限りなく生かし続けてくださってきた阿弥陀の浄土、その入り口に今こそ立つことができたという感動です。

私たちは、自分の狭いはからいでわが身を解釈して、すでに結論を用意して生きています。しかも、解ったつもりになっていて、そのことに気づいてもいません。実に愚痴（無知）の身なのです。気づかされてみれば、「俺の人生、まっ暗だ」なのではなく、まっ暗なのはまことにわが身自身であったのです。だから、人生は結論づけられません。だからこそ、わが身を果たし遂げていく新しい歩みが、今ここから始まるのです。出発です。

㊸ 因《いん》縁《ねん》

因縁《いんねん》という言葉を聞いてどのように感じるでしょうか。暗いと感じる人、明るいと思う人、怖いと恐れる人、有り難いと感謝する人、その受けとめはさまざまです。

それだけにこの言葉は、私たちの受けとめ方に応じて、意味するところが多岐《たき》にわたっています。

たとえば、理由もなく言い掛かりをつけることを「因縁をつける」と言います。また思いもしない不幸に見舞われますと、人は「どうして、なぜ」とその理由を問わずにはおれません。すると「それはあなたの因縁が悪いからです」と言われ、本人がとまどっていると、「その悪因縁を断ちましょう。浄化しましょう」と言ってその方法として壺や印鑑を売りつけられて、除霊のご祈祷《きとう》を勧められ、あげくの果てにがんじがらめにされてしまいます。

いつもはしっかりしている人が、案外自分のことになるとコロッと引っかかるのです。しっかりしている人ほどわが身を間違いなしと信じて疑わないからでしょう。

ところでこの「因縁」とは仏教語です。原語はhetu-pratyaya（ヘートゥ・プラトゥヤヤ）で、hetuは「因《いん》」で、結果を生じさせる直接的な原因、pratyayaは「縁《えん》」で、それを間接的に助ける条件です。

たとえば、土に種を蒔《ま》くと芽が出ます。種が因で芽が果です。因果の関係です。しかしそれだけにとどまらず、芽が出るためには種に水や日光が必要となり、そのほかさまざまな無数の条件が整わなければなりません。

この場合、種から芽が出るのは原因と結果ですので解《わか》りやすい関係です。それで私たちはその関係のみを決定的に重視してしまいます。しかし事実はそれ以外に計り知れない条件があってのことなのであり、それに気づくことが大切なのです。

因縁とは、物事はすべて因と縁によって生起《しょうき》しているという事実を指していう道理《どうり》であり、無量の縁によって一切は存在するのですから、その背景は計り知れず、私たちの思いを超えて不思議としか言いようがありません。

因縁の間違った理解は、第一には一方的に原因を断定して現在のあり方に結びつけてしまう独断であります。「これも運命だ」と言って自分を放棄する運命論はそのよい例です。

第二に、因縁の道理を自分の都合や価値で解釈して善し悪しを決めてしまう独断です。

すべては因縁に依るのですから、過去の運命によって現在が決定されているのでもなく、未来もまた決まっているわけでもありません。

その意味では、すべては深い因縁によって関係しあっているわけであり、その道理は、あらゆる人間の独断を排除して、自由・平等の大地を開くのです。

どんなにつらい境遇《きょうぐう》にあっても、それを因縁の道理によると引き受けることで、新しい天地を開く智慧に生きることが願われているのです。

44

自《じ》然《ねん》

梅の花の散りゆく姿を惜しんでいると、コブシの花の白さに目がとまり、続いて桜の小さな蕾が春の訪れを知らせてくれます。もう、春なのです。どことなく心のときめきを禁じ得ません。私たちは自然《しぜん》のなかに生き、自然を呼吸して生き、自然は私たちと共にあり、私たちそのものです。人間は天地自然の恵みに感謝し、脅威に畏《おそ》れ、自然をわが事として受けとめてまいりました。

ところが現代では、自然は人間を取り巻き人間と対立する環境とみなされ、人間とは別のものであり、人間が勝手に支配し利用できるものに位置づけられてしまっています。その結果、自然破壊が進み、大気汚染や地球温暖化など、引き起こされてきた問題は枚挙《まいきょ》にいとまがありません。

かつての古老の言葉が今も耳に残っています。

「私の若い頃は、傲慢にも自然を征服するんだと息巻いていたが、今じゃあ、逆に自然が怒って人間を懲らしめとる。何ということだ」。

実は、明治になり西洋思想が流入してくると、西洋語の〝nature〟(ネイチャー)が「自然《しぜん》」と翻訳されてしまったのです。西洋ではnatureは人間に対立するものと考えられていますので、いつの間にか自然という言葉はかつての意味を失い、人間と対立するものと受けとめられたのです。

そこに、自然という言葉の理解に大きな混乱が生じる原因があったのです。

ところで、元をたどってみますと、この自然という言葉は中国古代の老子や荘子の考えである「無為自然《むいしぜん》」にさかのぼり、その言葉を使ってインドから来た仏教語を受けとめたのです。

インドでの原語はdharmatā（ダルマター）で、意味は「法の本質、法のあり方、如実、あるがまま」です。それが「法の爾《しか》らしむるままに」という意味で「法爾《ほうに》」と受けとめられ、「自《おの》ずから然《しか》らしむるままに」という意味で「自然《じねん》」と理解されたのです。自然とはインドの原語が中国古来からの言葉を借りて受けとめられた表現なのです。

そこにはnatureという意味はまったくありません。

「自然《じねん》というは、自《じ》は、おのずからという。行者《ぎょうじゃ》のはからいにあらず、しからしむということばなり。然《ねん》というは、しからしむということば、行者のはからいにあらず、如来《にょらい》のちかいにてあるがゆえに。（中略）すべて行者のはからいなきをもちて、このゆえに、他力《たりき》には義なきを義とすとしるべきなり」（『真宗聖典』510〜511頁）。

親鸞聖人《しんらんしょうにん》は、私たちがお念仏を申す身になるのは、わがはからいを離れて、阿弥陀《あみだ》さまのお誓いの然《しか》らしむるままにいただくことが肝要であり、それが自然の道理《どうり》なのだと述べておられます。阿弥陀さまの願いのままに、誓いのままに、自《おの》ずから然らしめられて歩み、生き、わが身を果たし遂げることが願われているのです。

自然《じねん》とは阿弥陀さまのご本願《ほんがん》のはたらき、つまり他力をあらわす言葉なのです。

45
無《む》上《じょう》

「このたび最高の賞をいただいたことは私にとって無上《むじょう》の喜びとするところです」。「苦しいことばかりでしたが、こんなに長生きができて無上です」。

私たちは、喜び、意味、値打ちなどがあることに対して無上という言葉を使います。「最高の」「この上ない」といった意味で言われています。

ところで、無上とは「上が無い」と書きますが、では、もうそれ以上に上が無ければ、有るのは下ばかりなのでしょうか。

最高峰の富士山の頂上に立つと、ずっと裾野が広がっており、すべてを下に見下ろすばかりです。

無上がもし最高という意味で言われますと、無上は限りなく下を見下すことになってしまいます。はたしてそうでしょうか。

無上を最高という意味でかたづけるには、豊かさに欠くと言わざるを得ないものがあるのです。

実は、この「無上」という言葉は仏教語なのです。原語はanuttara（アヌッタラ）で、音写して阿耨多羅《あのくたら》です。これはuttara（ウッタラ）「より上の」「より高き」「より良い」といった比較による価値を否定する言葉であります。

「「無上」と言うは、有上《うじょう》に対《たい》せるの言《ことば》なり。信《まこと》に知りぬ。大利《だいり》無上は一乗《いちじょう》真実の利益《りやく》なり。小利有上《しょうりうじょう》はすなわちこれ八万四千の仮門《けもん》なり」（『真宗聖典』192頁）。

ここで無上とは有上に対する言葉であると定義されます。丁寧なご指摘です。そして、仏の真実に出会い深いお育てをいただく大きな利益こそが無上であり、一方、有上はその出会いのない小さな利益であると明らかにされています。

有上とは、上が有るのですから下も有ります。つまり比較することによる上下の価値づけです。

一方、無上とは、上が無いので下も有りません。比べて最高という意味ではないのです。つまり、比較による価値ではなく、仏さまの真実に出会っていただいた大変なお育てを言うのです。

私たちはいつも、お金、地位、名誉さらには健康、長生きなど、世間の価値を気にして、自分が他と比較して少しでも勝れていることで満足を得ようと、頭を上げることに一生懸命です。

しかしそれは結局は自己満足であり、深い満足は得られず空しい自分が残るだけです。

一方、他と比較して少しでも劣っていると、今度は自分自身を軽蔑《けいべつ》して、結果的にはやはり自分を捨てて鬱々《うつうつ》として終わることになります。

実はこれらは共に、比較を超えた無上なるものに出会っていないからです。

無上なるものとは、世間の価値に振り回されてわが身を失っている私たちを呼び覚まし、育ててくださっているものであります。尊くて、頭が下がり、ありがとう、おかげさまと言わざるを得ないもの、仏さまのことなのです。

比較ゆえに空しさいっぱいの現代社会において、本当の喜びのあり方が問われてまいります。

㊻

実《じつ》際《さい》

「医療の現実に目を向けてみると、実際《じっさい》のところ、理想とかけ離れていることが解《わか》ってきた」など、私たちは、頭で考えている想像や理想と目の前の現実とがかけ離れている時、「実際のところ」とか「実際は」と語って、物事のあるがままの事実を述べようとします。

一方、「あの人は人格者だと言われているけれど、実際はね…」など、尾ひれのついた噂話《うわさばなし》になってしまったり、「実際はね、実際はね」と、さも解っているかのように連発したりしますが、かえって自己主張であるようにも思われます。

この「実際」という言葉は、事実のままを直裁に述べているという意味ですが、案外曖昧です。この言葉も仏教語なのです。

原語は bhūta-koti（ブータ・コーティ）で、bhūta（ブータ）は「現実に起こっている出来事や事実、ものごと」、koti（コーティ）は「究極、極限、際《きわ》」です。したがってbhūta-kotiは「ものごとの極限、究極的な根拠」を意味し、「現実の際《きわ》」つまり「実際」と漢訳されたのです。

私たちは日頃、「一体本当は何なの。実際はどうなの」と、出くわす人生のさまざまな事柄についてその本質を尋ねたくてたまりません。週刊誌のゴシップ記事に関心があるのもそうです。何にでも、なぜか納得したいのです。

そういう意味で、人間は「実際」を尋ね、「実際」に納得して生きることを願いとしていると言えなくもありません。

一方、仏道においても実際が問いとなり、吟味されます。

「声聞《しょうもん》は実際をもって証とす。計《はか》るに更によく仏道の根芽《こんげ》を生《しょう》ずべからず」（『真宗聖典』３１５頁）と、ここでは声聞とは、仏の声（教え）を聞いてものごとの究極すなわち実際を学んで、その結果を人生の証しにしようとする学びの姿勢です。

しかし、そこには大変な落とし穴があるというのです。実際を学ぶことによって、かえって仏道を歩む根と芽が断ち切られてしまうという仏さまのご指摘なのです。

学ぶことが、かえって道を失う？

いったい、どういうことなのでしょうか。

学びは、いかに真面目であっても、自分の能力に基づく学びである限り、自らの了解内に居座ってしまいます。その究極は自分自身の絶対化であり、他者に出会わず見下す生き方となるのです。

そこでは、学ぶことが自らを閉ざしてしまい、歩むべき道を開かないのです。これこそが学びに潜む躓《つまづ》きであります。大変なテーマです。

どうすれば躓きを克服できるのでしょうか。

そのためには、諸仏のお勧め（教え）に出会うことが欠かせないのだと教えてくださいます。

人生の証しは、どれほど「実際」を了解したかということではなく、諸仏に出会い、そのお育てに生きる身になること。何を学んだかではなく、何にどのように育てられたかということであります。

歩むべき道の発見こそが生きる証明なのです。

47

人《にん》間《げん》

私たちは「あの人は人間《にんげん》らしい人だ。人間味があってやさしい」など、なにかしら心の通った温かいあり方を「人間」という言葉に托《たく》して使います。

また、現代では、いよいよ「人間」が大変重要なテーマになっています。おそらく、機械文明や資本主義社会のなかで、人間の生み出した貨幣経済や企業組織などによって、本来の人間らしい生き方が奪いとられて非人間化し、人間疎外が現代社会の大問題となってきたからでしょう。

それで、今まで解《わか》っているつもりでいた「人間」について、あらためて「何だろう」、「人間に生まれたのはどういう意味があるのだろう」など、盛んに問われているのです。

ところで、「人間」とは実はもともと仏教がずっと重要にし続けてきた大事なテーマです。

「人間」を意味する原語はmanuṣya（マヌシュヤ）で、「考えるもの」を意味します。動詞のman（マン）「考える」から派生した言葉であると思われます。

　これは、他の生き物に比して考えることが人間の大きな特徴であるからでしょう。人間は考え続けます。それゆえに愁《うれ》いも悩みも深いのであります。

　日頃、私たちは「私たち人間はね」とか「人間である限り」など、すでに解っているつもりで「人間」という言葉を使っていますが、実は、本来の意味で人間とは、仏さまに教えられて初めて気づかされる生存のあり方をいうのです。

　つまり、人間とは仏法に照らされて知らされてくる意義深い、大変重い言葉なのです。

「それ、一切衆生《いっさいしゅじょう》、三悪道《さんまくどう》をのがれて、人間に生まるる事、大《おおき》なるよろこびなり」（『念仏法語』・『真宗聖典』961頁）。

「すべての衆生よ、あなた方が地獄《じごく》道・餓鬼《がき》道・畜生《ちくしょう》道という人間ならざる三つの道（三悪道）をのがれて、人間に生まれたことは大変な喜びなのです」（筆者取意）と、慈悲深いお言葉で特に説かれています。

人間とは、これら三つの道とは違う道なのだとしっかり目覚めつつ歩む生き方、人道《にんどう》なのです。

では、その道は何に気づいて歩む道なのでしょうか。そしてその道に生まれることがなぜ喜びなのでしょうか。

人間に生まれたことは、思い煩《わずら》い生きづらいことばかりです。

しかし実はその生きづらさこそが、どこまでも諦めずに自分自身をさらに問い直せと促《うなが》す「いのちのメッセージ」なのであり、また同時に、苦しみ以上の深さ豊かさの在りかを指し示す「覚《さと》りへの道しるべ」でもあるのです。

悩みつつも、悩みを手だてに仏法に出会って意義ある人生を生きることができるのも、人間です。そこに人間に生まれた意義と喜びがあるのです。今の世において、人間という言葉で教えられている意味の深さに目覚めたいと思います。

人間とは単なる人間ではなく、仏法に出会うことのできる器《うつわ》なのです。

まことに、人間は尊くて重い意義をいただいているのであります。

㊽
往生《おうじょう》

往生《おうじょう》という言葉はいろんな意味で使われています。「あの問題にはほとほと往生した」と言えば、処置に困り閉口したということ、「あの人は大往生した」と言えば死に方を述べています。「往生際の悪い」と言えば、死に際が潔くないということで、転じてあきらめが悪いという意味になります。

しかしこの言葉は仏教の本質に関わる重要な言葉なのです。「往生」の原語はupa-pad（ウパ・パッド）で、「～に向かって行く、～に近づく、到達する」、あるいは「何らかの状態に入る」などがその意味です。したがって、もともと往生とは、ある方向に向かっていくこと、「往《おう》」（方向）であり、また何らかのあり方（世界）に入っていくこと、「生《じょう》」であります。生きる方向と生まれる世界を内容にした歩みと申せましょう。

では、私たちはいかなる方向に生き、いかなる世界に生まれていこうとしているのでしょうか。自問自答しますが、頭を抱えてしまいます。わが身の生きる方向と世界とが解《わか》らないのです。まっ暗な世界に向かって進んでいるのでしょうか。はたまた、死を前に絶叫するしかないのでしょうか。

その問いに対して決定的な答えを出されたのが釈尊《しゃくそん》でした。「人間は、実はみな等しく、お念仏申すなかで、阿弥陀《あみだ》さまのお浄土に召されて生きていき、その世界に生まれるのです」。これが往生浄土のご説法です。

その教えをお聞きした時、このままでは行きづまりしか見出せなかった人びとは、確かな未来のあることに感動したのです。今という時は閉ざされた方向に向かう今ではなく、開かれた世界にいよいよ召されて生きる今であると知らされ、今日《こんにち》この身の意義の深さに歓喜《かんぎ》したのでした。

「その名号《みょうごう》を聞きて、信心《しんじん》歓喜せんこと、乃至《ないし》一念せん。至心《ししん》回向《えこう》したまえり。かの国に生まれんと願ずれば、すなわち往生を得、不退転《ふたいてん》に住《じゅう》せん、と」（『真宗聖典』２３９頁）。

私たちの背景には、実は数限りなく仏さま方がおられてお念仏を称《たた》えてくださっています。私たちはそのお念仏の呼び声に呼び覚まされてお念仏申す身になります。その時、この身に、はからずも、ずっと呼びかけてくださっている阿弥陀さまのお育ての世界に気づかせていただくのです。

「彼《か》の世界に生きん」。

生まれる世界と生きる方向とが、阿弥陀の浄土として彼方より開かれてまいったのです。それは帰るべき故郷であります。したがって私たちが歩む故郷への道は、実は故郷からの道でもあります。だから安んじて歩むことのできる家路なのです。

「道ここにあり。我、この道を歩まん」。

往生とは、死後に往生するのか生前なのかといった二者択一的な問題ではなく、彼方より今日この身に開かれてくる仏道の内実そのものなのです。

あとがき

私たちの暮らしのなかには数多くの仏教語があります。しかし、あまりにも日常のなかに溶け込んでいるために、仏教に由来することに気づかない言葉が数多くあるのです。

ご承知のとおり、仏教はインド、中央アジア、中国そして日本と、気の遠くなるような悠久《ゆうきゅう》の歴史をとおしてその時々を潤し、現在に至るまで日本の文化を深層から培ってまいりました。そして長い歴史のなかで親しまれ使われ続けた結果、本来の意味ではなくなってしまった言葉も多いのです。

本書は、月刊誌『同朋《どうぼう》』(東本願寺出版発行)で二〇一二年七月号から二〇一六年六月号まで(計48回)連載されたものをまとめ、加筆修正したものです。一つ一つ本来の意味に立ち戻ってみますと、実はどの言葉も仏さまの呼びかけであることに気づきます。それは私たちに思いもよらない自覚を呼び起こし、本来気づくべき世界、歩むべき道に立ち帰らせてくださいます。そこに仏さまの大いなる智慧と慈悲が感じられるのです。つまり、仏教語は生きた仏の心であると言えましょう。

同時に、仏教語は人間の生存自体に大変な深さと重さを開いてきたことが知らされます。その奥深さは、言葉で表現することが不可能であるほどの意味合いを湛《たた》えており、その重さは、すれ違う軽々しいおしゃべりに沈黙の大切さを教えてくださいます。

過剰な言葉の洪水に押し流されている現代にあって、本書がわが身に出会う、大切な時を得るご縁になることを願っています。

生きるとは存在が喚起されること、つまり本当の言葉に出会い呼び覚まされて生きることです。そこに確かな希望があると言えましょう。

二〇一六年十月

大江憲成

索引（五十音順）

大江憲成（おおえ けんじょう）
1944年、大分県中津市に生まれる。京都大学文学部哲学科（仏教学）を経て、同大学院博士課程単位取得退学。九州大谷短期大学名誉学長。真宗大谷派觀定寺住職。著書に、『人生を丁寧に生きる－念仏者のしるし－』（東本願寺出版）がある。

暮《く》らしのなかの仏教語《ぶっきょうご》

2016（平成28）年11月28日　第1刷発行
2017（平成29）年７月15日　第2刷発行

著　　者　大江憲成
発 行 者　但馬　弘
編集発行　東本願寺出版（真宗大谷派宗務所出版部）
〒600-8505　京都市下京区烏丸通七条上る
TEL　075-371-9189（販売）
075-371-5099（編集）
FAX　075-371-9211
印 刷 所　株式会社京富士印刷
装　　幀　株式会社188

ISBN978-4-8341-0539-1　C0115